港口总体规划落实绿色发展理念
技术方法及实践

胡 怡　王达川　刘胜强·著

上海科学技术出版社

内 容 提 要

本书以北部湾港、宁波舟山港、镇江港等港口总体规划编制为例,对港口总体规划落实绿色发展理念的技术方法进行了积极探索和实践应用。在调研国内外绿色港口概念、内涵、创建工作及评价体系的基础上,提出了基于全生命周期的绿色港口概念及内涵。针对 2006 年交通部印发的《港口总体规划编制内容及文本格式》中规定的评估、岸线利用规划、平面布置规划等重点规划内容提出了落实绿色发展理念的规划思路和关键技术方法,提炼并形成了《港口总体规划落实绿色发展理念编写指南(建议稿)》。

本书对新时期港口总体规划落实绿色发展理念的规划方法进行了积极探索和系统总结,研究成果对于港口布局规划编制也有借鉴意义。书中提出的规划方法、案例及编制指南,可为港口规划和设计单位的专业技术人员,交通规划、港口海岸及近海工程等专业高校学生提供参考和借鉴。

图书在版编目(CIP)数据

港口总体规划落实绿色发展理念技术方法及实践 / 胡怡,王达川,刘胜强著. -- 上海:上海科学技术出版社,2024.6
 ISBN 978-7-5478-6629-0

Ⅰ. ①港… Ⅱ. ①胡… ②王… ③刘… Ⅲ. ①港口规划—研究 Ⅳ. ①U651

中国国家版本馆CIP数据核字(2024)第092044号

港口总体规划落实绿色发展理念技术方法及实践
胡 怡 王达川 刘胜强 著

上海世纪出版(集团)有限公司
上海科学技术出版社 出版、发行
(上海市闵行区号景路159弄A座9F-10F)
邮政编码 201101　　www.sstp.cn
上海新华印刷有限公司印刷
开本 787×1092　1/16　印张 8.5
字数:190千字
2024年6月第1版　2024年6月第1次印刷
ISBN 978-7-5478-6629-0/U·151
定价:98.00元

本书如有缺页、错装或坏损等严重质量问题,请向工厂联系调换

编委会

交通运输部规划研究院
徐洪磊　朱鲁存　郝　军　张民辉　陈正勇
李善友　姚海元　董　敏　李　蕊　沈　忱
李宜军　丁文涛　孙　路　高玉健　张永林
肖　杨　冯　云　齐　越　田　佳　程金香
扬　懿　房　卓　陈　飞　薛天寒

大连理工大学
郭子坚　王文渊　钟绍鹏

前　言

党的二十大报告提出"推动绿色发展，促进人与自然和谐共生"，深入推进生态文明建设、全面推动绿色发展已成为社会各行业都应遵循的发展理念。对交通领域绿色发展，国家层面也提出了具体要求：中共中央、国务院于2019年9月发布的《交通强国建设纲要》提出"将生态环保理念贯穿交通基础设施规划、建设、运营和养护全过程"；2021年2月印发的《国家综合立体交通网规划纲要》明确提出"到2035年，基本实现交通基础设施全过程、全周期绿色化"。港口总体规划作为港口空间管控的重要指导性文件，也应深入落实生态环保理念，从源头上平衡好经济发展与环境保护的关系。

传统港口总体规划编制往往侧重于港口空间布局、运输功能分工、平面方案制定等方面的研究，重点关注港口资源利用和建设，对在港口空间规划层面如何构筑绿色生态港的考虑较少。根据《中华人民共和国环境影响评价法》《规划环境影响评价条例》《中华人民共和国港口法》等法律法规文件的相关要求，港口总体规划也会同步开展规划环境影响评价（以下简称"规划环评"）工作。港口规划环评能解决规划方案环境可行性的问题，但还不能完全达到在规划编制过程中深度融入绿色发展理念的目的，而如何在规划编制中全面落实绿色发展理念也面临着理论基础尚不完善、技术方法体系尚未完全建立的问题。鉴于此，本书对港口总体规划落实绿色发展理念的技术方法进行了系统研究，并将相关技术应用到以北部湾港、宁波舟山港、镇江港等为代表的新一轮港口总体规划编制中，提出了《港口总体规划落实绿色发展理念编写指南（建议稿）》。书中提出的方法、案例及编制指南，可为港口规划和设计单位的专业技术人员，交通规划、港口海岸及近海工程等专业高校学生提供参考和借鉴。

本书在编写过程中得到了广西壮族自治区交通运输厅、浙江省交通运输厅、镇江市交通运输局等单位的大力支持，吸取了国内外专家、学者的理论及实践等方面的成果，在此表示诚挚的感谢。限于作者水平，书中难免存在一些不足和疏漏之处，恳请广大读者批评指正。

著　者
2024年3月

目　录

第1章　绪论　—001

1.1　港口总体规划　—001
1.2　绿色发展理念及绿色港口　—002
　　1.2.1　绿色发展理念起源及沿革　—002
　　1.2.2　绿色港口相关研究　—003
1.3　绿色发展理念对我国港口总体规划编制的要求　—008
　　1.3.1　港口总体规划实施的环境影响　—008
　　1.3.2　港口总体规划落实绿色发展理念的编制原则和目标　—009

第2章　国内外绿色港口空间规划理念及实践　—011

2.1　理论研究与探索　—011
　　2.1.1　国际航运协会　—011
　　2.1.2　Ecoshape　—012
2.2　国内外绿色港口空间规划案例　—012
　　2.2.1　设立水体交换通道，协调环境敏感要素　—013
　　2.2.2　注重生态功能预留和补偿　—016
　　2.2.3　促进港城协调发展　—023

第3章　基于绿色发展理念的港口发展基础评估　—026

3.1　评估目的及原则　—026
3.2　评估主要内容及技术　—026
　　3.2.1　基于矢量数据叠加的港口发展现状与环境敏感区协调性分析　—026
　　3.2.2　基于实际环境影响的规划环境影响跟踪评价　—031

　　　　3.2.3　基于实际生产统计数据的港口岸线资源利用效率评估 —034
　　　　3.2.4　基于港口集疏运与城市交通相汇集的港城交通状态评估 —036

第4章　基于绿色发展理念的港口岸线利用及功能布局导向研究 —041

　4.1　基于人与自然相协调的港口岸线利用规划导向研究 —041
　　　　4.1.1　基于岸线生态敏感性的港口岸线利用规划导向 —041
　　　　4.1.2　基于港口区域人居环境水平的港口岸线利用规划导向 —045
　　　　4.1.3　基于渔船航行与作业影响的港口岸线利用规划导向 —053
　4.2　基于港口最大开发状态的港口区域可开发强度分析 —061
　　　　4.2.1　研究方法 —061
　　　　4.2.2　案例：宁波舟山港总体规划修订 —063
　4.3　基于总量控制的分区域分货类港口功能布局导向 —065
　　　　4.3.1　港口岸线资源利用总量控制 —065
　　　　4.3.2　分区域分货类港口功能布局导向研究 —066
　4.4　基于大气环境影响的干散货规模控制技术 —072
　　　　4.4.1　研究方法 —073
　　　　4.4.2　案例：镇江港扬中港区规划调整研究 —073

第5章　基于绿色发展理念的港口平面布置优化技术 —079

　5.1　基于绿色发展理念的港口平面布置原则 —079
　5.2　基于绿色发展理念的港口平面布置研究流程 —079
　　　　5.2.1　基于绿色发展理念的新港区平面布置研究流程 —079
　　　　5.2.2　基于绿色发展理念的既有港区规划修订或调整平面布置研究流程 —080
　5.3　基于绿色发展理念的港口平面优化内容及关键指标 —081
　　　　5.3.1　优化内容及关键指标 —081
　　　　5.3.2　案例 —089

参考文献 —100

附录 —102

　附录1　国内外绿色港口评价方法及指标调研 —102
　　　1. 国外绿色港口评价体系 —102
　　　2. 国内绿色港口评价体系 —108

3. 对绿色港口空间规划的借鉴意义　−114
附录2 **典型港口规划大气环境影响调研**　−114
　　1. 港口粉尘大气污染环境影响　−114
　　2. 港口油气大气污染环境影响　−118
附录3 **港口总体规划落实绿色发展理念编写指南（建议稿）**　−120

第 1 章

绪　　论

1.1　港口总体规划

1) 我国港口规划体系

经过改革开放以来的不断探索和实践,以及 1990 年《港口总体布局规划编制办法》,2004 年《中华人民共和国港口法》,2006 年、2007 年颁布的《港口总体规划编制内容及文本格式》《港口规划管理规定》三轮规划管理制度的制定实施,目前我国已建立以"三类四级"基本序列规划为骨干、专项规划扩展序列为重要组成部分的港口规划体系。其中,"三类"包括港口布局规划、港口总体规划和港区/作业区控制性详细规划,构成港口规划的基本序列;"四级"包括全国性、区域性、单一港口和港区/作业区四个层级(图 1-1)。

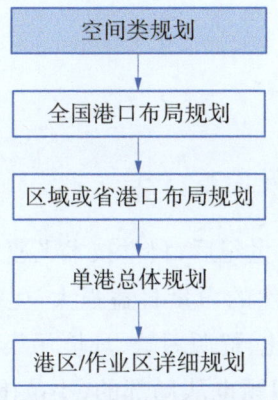

图 1-1　港口规划基本序列体系示意图

2) 港口总体规划在规划体系中的地位和作用

从我国规划体系构成和规划定位看,全国港口布局规划和区域港口布局规划只解决区域层面港口空间分布与港口间分工关系问题,省级港口布局规划虽聚焦到省域范围,但对单港的指导性仍不强,而下一层级的港区/作业区控制性详细规划是对港口总体规划方案的细化与落实。

港口总体规划作为建设项目规划许可、岸线审批的依据,在目前港口规划体系及规划管理中处于核心地位。其核心作用是通过研究并明确港口资源空间开发与保护的合理方案,促进港口资源的有序开发和有效保护;同时提出行业诉求,为自然资源部门开展国土空间规划、统筹协调相关行业的空间需求提供基础。

3）现行的港口总体规划编制内容要求

港口总体规划是指一个港口在一定时期的具体规划,由市级交通运输主管部门组织编制。主要港口总体规划报交通运输部和省级人民政府审批;地区性重要港口总体规划报省级人民政府审批。

根据2006年交通部印发的《港口总体规划编制内容及文本格式》,港口总体规划主要是确定港口性质和港口资源规划利用方案（包括港口岸线利用规划、港区划分和分工、水陆域布置、港界）,以及集疏运等配套设施规划方案。具体包括以下内容：

（1）分析港口发展状况,研究港口自然条件。

（2）合理划分港口经济腹地,预测港口吞吐量发展水平。

（3）结合国内外航运发展趋势,预测到港船型。

（4）依据相关港口布局规划,论证确定港口的性质、功能。

（5）根据经济发展需要、岸线资源条件,提出港口岸线利用规划。

（6）确定规划港区功能、相应的水陆域布置规划,划定港口水陆域界限。

（7）提出集疏运、供水、供电等港口配套设施规划。

（8）提出环境保护规划。

（9）论述与相关规划的关系。

1.2 绿色发展理念及绿色港口

1.2.1 绿色发展理念起源及沿革

工业革命以来,特别是进入20世纪后,科学技术飞速发展,全球工业化进程迅速推进,人类受经济利益的强烈驱使,改造自然的力量日益强大,生态环境遭到了极大的破坏,各种各样的环境问题随之出现,如气候恶化、资源短缺、环境污染、生物多样性减少……地球越来越无法承载人类的过度消耗。生态问题也从局部的、小范围危害的问题发展为波及世界的区域性、全球性的问题。日益严峻的生态问题引起各国人民的重视,成为全球舆论关注的焦点,全球生态问题成为全人类共同面临的严重危机。1972年在瑞典召开了人类历史上第一个全球性的研究保护人类环境的会议——联合人类环境大会,会上通过了《联合国人类环境会议宣言》,从此开创了人类环境保护事业的新纪元。1992年,在第一次人类环境会议召开20周年时,联合国环境与发展大会在巴西里约热内卢召开,会议通过了《里约环境与发展宣言》和《21世纪议程》两个纲领性文件,签署了《联合国气候变化框架公约》和《生物多样性公约》,可持续发展理论得到各国的普遍认同,对关系人类命运前途的环境可持续发展问题达成了共识,标志着全世界谋求发展与生态协调的可持续发展时代的到来。

马克思主义生态自然观即阐述了有关绿色发展的理念。他们认为,自然是人生存和发展的前提条件,人生活在自然界中并与自然界共同发展,二者相互联系、密不可分。美国的奥尔多·利奥波德提出"大地伦理观",这是人类历史上第一次从伦理的角度提出人和自然关系的标准。1987年,联合国的一篇报告《我们共同的未来》,重新定义了可持续发展的概念;绿色发展理念从功能界定上作为第二代可持续发展观逐渐被运用到经济、政治等各个领域。2002年,联合国计划发展署发表的《2002中国人类发展报告:绿色发展,必选之路》中首次提出了"绿色发展"的概念,这是人类对自身社会发展历史痛定思痛后形成的全新发展思想。2012年6月,联合国可持续发展大会(又称"里约+20"峰会)在巴西举行,会上人们共同探讨了消除贫困并且尊重自然资源极限的可持续经济模式的问题,达成了未来人类绿色发展主旋律的共识。绿色发展是指在生态环境容量和资源承载能力的约束条件下,将保护环境作为实现可持续科学发展重要支柱的新型发展模式和生态发展理念。在理念上倡导生态价值观和生态伦理观;在生产过程中实行以生态技术为支撑的绿色生产;在生活方式上推行以低碳为基础的绿色消费。

在我国,"绿色发展理念"可追溯到春秋战国时期。古人曾强调"天人合一"的思想,"绿色发展理念"开始萌芽。改革开放以来,我国在经济、政治、文化、社会等领域的发展取得了举世瞩目的成绩,经济总量跃居世界第二,人民生活水平全面提升,政治与文化水平进步显著,国际地位稳步提高。在各个发展阶段,我们党根据时代发展的需要,以及中国特色社会主义建设重大现实问题的深刻变化,始终将马克思主义基本原理与社会发展实践有机结合,重视理论指导与理念创新。从党的十五大明确提出实施"可持续发展战略",到十六大的"走新型工业化道路",从党的十七大提出建设生态文明新要求,到十八大把生态文明建设纳入"五位一体"总体布局,再到十八届五中全会提出"绿色发展理念",每一次发展理念的创新与提升,都推动了发展的新跨越。绿色发展理念坚持了马克思主义的世界观和方法论,深刻体现了科学发展的基本要求,从最严格的制度到更严厉的法治,生态文明建设扎实有序推进,生态文明体制机制日趋完善,大力推动了我国经济社会发展实现新的跨越。

1.2.2 绿色港口相关研究

1999年,第八届联合国贸易与发展会议正式指出港区生态绿色化是第四代港口未来发展的趋势,生态绿色港口理念逐渐引起国内外港口行业重视。

1) 绿色港口概念相关研究

国内外很多专家学者对绿色港口概念开展了大量研究。交通运输部2020年发布《绿色港口等级评价指南》(JTS/T 105-4—2020),提出的绿色港口概念为"在生产运营和服务过程中,贯彻绿色发展理念,积极履行法律责任和社会责任,综合采取节约资源和能源、保护环境和生态、应对气候变化的技术和管理措施,达到了绿色港口等级评价要求的港口或码头"。

此外，与"绿色港口"相关的概念还包括生态港口、绿色生态港口、低碳港口等，绿色港口相关概念的梳理见表1-1。

表1-1 绿色港口相关概念梳理

序号	绿色港口相关概念	来源
1	**绿色港口**：在生产运营和服务过程中，贯彻绿色发展理念，积极履行法律责任和社会责任，综合采取节约资源和能源、保护环境和生态、应对气候变化的技术和管理措施，达到了绿色港口等级评价要求的港口或码头	《绿色港口等级评价指南》(JTS/T 105-4—2020)
2	**绿色港口**是指在生产运营和服务过程中，贯彻绿色发展理念，积极履行法律责任和社会责任，综合采取节约资源和能源、保护环境和生态、应对气候变化的技术和管理措施，达到了绿色港口的等级评价要求的港口及码头	孙正春(2021)
3	**绿色港口**是港口建设运营过程中，秉承资源节约、环境友好发展理念，具备应对气候变化的技术和管理措施，达到了相应绿色港口等级标准的港口及码头	刘翠莲(2017)
4	**绿色港口**是指既能满足环境要求又能获得良好经济效益的可持续发展港口，要求港口在满足腹地经济贸易发展需要的同时，尽量减少港口建设和运作对环境和生态的影响	彭传圣(2012)
5	**绿色港口**是在环境影响和经济利益之间获得良好平衡的健康可持续发展的港口	蔡丽娜(2010)
6	**生态港口**是基于生态文明阶段性建设要求，以"资源节约和环境友好"为发展方向，以建设现代化美丽港口为目标，将"绿色发展和生态优先"理念贯穿港口规划设计、施工建设和运营管理全过程，以优化生态空间、改善环境质量、保护生态系统，强化节能减排等为重心，推进生态港口文化培育以及生态港口制度建设，促进港口与水域(海洋)、陆地和谐相处，实现港口与自然-经济-社会可持续发展	邵丽红(2019)
7	**生态港口**是以港口本身环境、港口与相关水域环境、港口与所处区域环境为优化对象，在港区布局规划、建设施工、运营管理的全过程，以实现经济社会发展为前提，以寻求经济社会与环境协调平衡为发展方向的港口-生态平衡系统	孟亚飞(2020)
8	**绿色生态港口**：以绿色理念为指导，要求港口既能满足经济发展的需求，又能尽量减少港口建设和运营对生态环境的影响。将生态环境保护理念渗透到港口发展的各个阶段，最大限度地减少港口对环境的负面影响，在港口发展的过程中寻求生态环境影响和经济利益的平衡，形成低能耗、低污染、高效率的新型港口	李辉(2020)
9	**近零碳港口**是指在港口生产经营活动中，通过采取调整能源消费结构、推进节能低碳技术应用、改进生产工艺组织、加强节能减排管理等措施，提高新能源和可再生能源应用比例和能源利用效率，减少二氧化碳等温室气体的排放，使港口二氧化碳直接排放逐步趋近于零的港口	李庆祥(2021)

2) 绿色港口内涵相关研究

根据相关专家学者对绿色港口的研究,绿色港口内涵主要涉及以下领域(表1-2):

表1-2 绿色港口相关内涵研究

序号	绿色港口相关内涵解析		来源
	领域	任务	
1	能源	结构合理、利用高效:能源利用高效、清洁能源推广、生产工艺优化、装卸设备高效	邵丽红(2019)
	资源	集约利用、循环利用:岸线资源整合、功能布局优化、土方综合利用、污水循环利用	
	生态环境	整治规范、生态友好:港域生态多样化、污染物达标排放、生态修复、环境治理、应急能力建设	
	生态制度	多方互动、过程监管:评价与考核、企业主体责任、社会监督、严格准入管理、统计监测、激励约束	
	生态文化	地区特色、全民参与:营造文化氛围、国际国内合作培养人才	
2	生态优先	应着重考虑港口建设及运营对于生物生存状态的影响,从减少生态干扰及进行生态修复两方面进行实现	孟亚飞(2020)
	环境友好	重点考虑港口建设发展衍生的水气声渣等外部排放对于自然环境的负面影响以及如何降低	
	资源集约	提升岸线、土地以及日常能源等资源的利用效率,通过科学选址、节能降耗、循环利用等方式进行实现	
	能力充分	具备资源消耗及环境影响监测能力,具备减少或规制污染行为的设施能力体系及应急预案	
	理念先进	通过强化培训宣传、形成规章制度等优化生态港口建设氛围,在理念层面推进可持续发展	
3	绿色港口建设是从源头上防止环境污染和生态破坏、保护水产资源和港口生态环境、减少资源和能源消耗、缓解港口生产对气候变化影响的有效途径,是落实科学发展观,建设资源节约型、环境友好型社会,促进区域经济、社会与环境协调发展,建设生态文明的有效载体		彭传圣(2012)

(1) 资源节约集约利用:港口岸线集约利用、减少围填海面积、节约施工材料等。

(2) 生态保护:避让生态保护敏感区,港口建设项目采取生态友好的施工工艺,及时开展生态修复和生态补偿,港区绿化、景观建设等。

(3) 污染防治:污水、废气排放量、达标排放率;噪声达标率,固废回收利用率,突发环境污染、应急能力建设。

(4) 节能低碳:能耗总量及能耗强度、碳排放总量及碳排放强度、节能低碳技术应用、光伏等可再生能源应用、LNG使用、岸电系统建设及使用等。

(5) 社会和公众满意:员工满意度、社会公众满意度等。

（6）绿色发展管理：环境管理制度、环境监管、绿色港口战略及规划、管理监督和评估、资金投入、宣传教育培训等。

3）绿色港口创建及评价体系研究

基于绿色港口理念，国内外港口开展了大量的绿色港口创建工作，典型案例见表1-3。

表1-3　国内外典型绿色港口发展及实践

序号	港口	绿色港口涉及领域	绿色港口发展导向及实践	来源
1	长滩港	维护水质、清洁空气、保护土壤海洋野生动植物及栖息地、减轻交通压力、可持续发展、社区参与等七方面	（1）保护群落免受港口运营导致的不利。 （2）环境的影响：分清港口在环境保护工作中处于领导地位还是从属地位；促进港口的可持续发展。 （3）采用最有利的技术以避免或减少环境影响；推进社区参与和社区教育	《国外绿色港口建设经验及启示》（蔡丽娜）
2	悉尼港	水体质量、空气质量、噪声控制、生物多样性、垃圾管理、危险货物管理、环保教育及培训	（1）加强立法，严格执法。 （2）提高员工环保意识。 （3）港口、政府、社区等多方参与	
3	东京港	海岸景观、水域景观	（1）将海岸景观、水域景观的保护开发作为重点，注重亲水观海和岸滩恢复，并加强港区公园绿地的建设，有的公园甚至穿插于作业码头中间。 （2）在围海造陆进行港口建设的同时，强化海域环境的建设，将海上公园、沿岸景观、野鸟栖息地、公众通道、绿地等亲水空间纳入港口发展规划	
4	山东港口集团	低碳清洁能源	（1）港口机械清洁应用：港作机械采用电力和LNG驱动。 （2）岸基供电设施应用：提高岸电设施覆盖率和使用率。 （3）LED照明远程智能控制应用：采用LED照明、智能控制系统	《基于低碳环保的绿色港口转型升级应用案例》（毕志远）
		港口污染防治	（1）健全绿色港口预算管理与考核体系。 （2）建立危险废物规范化管理体系。 （3）非生产辅助环保、节能设施建立。 （4）大气环境智慧管控系统建立	
		优化运输结构	（1）搭建全流程作业任务驱动的数字孪生仿真平台，建立港口、集疏运微循环。 （2）加快多式联运发展。 （3）提高生产组织效率	

续表

序号	港口	绿色港口涉及领域	绿色港口发展导向及实践	来源
5	厦门集装箱码头公司	战略规划引领和制度建设	制定集装箱码头绿色港口建设发展规划	《创新发展、务实推进绿色生态港口建设》（李美贞）
		制定绿色生态建设的激励约束考核机制	将绿色发展指标层层分解，逐级落实。管理层与各部门签订管理目标责任书，与对外协作单位签订包含环保要求及考核指标的管理协议，与船公司签订船舶靠港岸电服务协议等	
		构建绿色发展文化氛围	广泛开展节能减排与绿色发展宣传及培训活动，提出"油污不落地，污水零排放，垃圾有分类"环保宣言	
		绿色低碳技术应用	(1) 电能替代：RTG"油改电"、流动机械电动化。 (2) 清洁能源应用：分布式光伏发电、风光互补照明技术等应用。 (3) 普及应用节能型设备：淘汰高耗能设备，应用LED节能灯具	
		信息化和智能化助力绿色港口生态圈建设	平台与码头TOS对接，岸边智能装卸平台	
		做好水资源管理及大气环境监测	污水排放、环境空气在线监测、海上溢油监测报警系统	
		做好危险废物收集、处置和垃圾分类	严格按照国家法律法规对危险废物进行规范管理	
		完善能耗统计监测指标体系	建立精细化的能耗统计监测指标体系	

为推动绿色港口创建工作，国内外也开展了绿色港口评价工作。国外的绿色港口评价以亚太绿色港口奖励计划、北美绿色航运计划、欧洲生态港认证体系等为代表。我国绿色港口评价相关工作始于"十二五"期间，于2013年发布了《绿色港口等级评价标准》并于2020年进行了修订，有效指导了我国绿色港口的创建及评价工作。国内外绿色港口评价方法及指标调研详见附录1。

4）基于全生命周期的绿色港口概念及内涵

从绿色港口概念、内涵、实践发展以及现行评价体系可以看出：

（1）我国绿色港口概念及内涵不断扩大，从生态港口到绿色港口、绿色生态港口、近零碳港口等，对于推进我国绿色港口发展、提升港口绿色发展水平起到了重要作用。

（2）我国大部分绿色港口研究及实践，以及部分港口编制的绿色港口规划，主要以规划实施及港口生产运营为主要出发点,考虑生态保护、污染防治、节能降碳等环保要素,较少从港口空间规划编制的角度考虑相关内容和指标。

(3) 在绿色港口评价方面,国内外绿色港口评价对象多为现状码头,主要侧重于码头建设、运营中的经营理念、企业文化、管理能力等制度建设以及节能减碳、资源节约、污染防治和生态保护等工作成就的评价,而对于港区功能定位、港口空间布置、码头结构形式等尚未关注。这表明绿色港口评价对于港口空间规划尚不具备全面的指导意义,但部分评价方面和指标如资源集约利用、生态保护和修复、高效集疏运体系等在港口空间规划中提前考虑,将有利于绿色发展理念在港口全生命周期的落实。

从绿色发展理念贯穿港口全生命周期的角度,本书提出绿色港口应为"在规划、建设、生产运营中,全面落实绿色发展理念,在港口规划中统筹考虑经济社会发展和生态环境保护,在港口建设及生产运营过程中全面落实各项生态环境保护及碳减排措施,绿色发展水平不断提高,全过程生态环境影响得到有效控制,在港口的全生命周期内与自然、城市和谐共生的可持续发展港口"。

基于全生命周期角度,绿色港口内涵包括以下方面:

(1) 从港口空间规划角度,绿色港口在港口岸线利用规划、平面布置规划、水域布置规划、集疏运规划等方面全面贯彻落实绿色发展理念。加强规划岸线资源总量控制,提高资源利用效率;优化港口平面布置形态、规模及功能,降低生态环境影响;优化集疏运结构,注重运输结构调整,协调港城交通组织,减少港城矛盾。

(2) 从港口建设角度,绿色港口应关注港口建设项目设计方案及施工过程生态环境保护措施落实情况,确保环境保护设施与主体工程同步设计、同时施工、同时投产使用。采取节能环保的工程机械设备及施工工艺,优先采用新能源和可再生能源设施设备,采取有效的环境空气、水、噪声、固废等污染防治措施,优先采用绿色建筑材料,严格控制施工作业范围,施工完成后及时开展生态修复工作,依法依规开展建设项目竣工环境保护验收。

(3) 从港口生产运营角度,绿色港口应关注污水处理、扬尘防治、噪声防治、油气回收、危废处理、船舶污染物接收转运处置等各类环保设施设备正常运营,确保污染防治效果和污染物达标排放,提高港口生产设施设备能效水平并优先采用新能源和可再生能源,推进建筑和设施设备节能,因地制宜采用光伏等可再生能源,提高船舶岸电使用比例,提高铁路、水路、管道集疏运比例和集装箱铁水联运比例等。

1.3 绿色发展理念对我国港口总体规划编制的要求

1.3.1 港口总体规划实施的环境影响

港口总体规划实施会占用一定的岸线、土地及海域资源。建设期施工可能改变原来的自然岸线及水域状态,影响所在水域的水动力条件,同时产生施工疏浚物、施工扬尘、施工噪声等污染;运营期运输装卸产生的各类粉尘,清洗、除尘和生活产生的污水,车辆、船舶及油品装卸产生的有害气体等,可能对周边水环境、大气环境、生态环境等产生不良影响。港口总体规划实施各阶段主要污染源和污染物如下:

1) 港口建设期的主要污染源和污染物

港口建设期的主要污染源来自疏浚工程、围堰工程、基础工程、主体工程、土石方工程等。这些工程在施工中产生的污染物有污水、粉尘、噪声、多种有害气体和固体废物(生活垃圾、建筑垃圾和工程渣土)、疏浚物等。

2) 港口运营期的主要污染源和污染物

(1) 粉尘。粉尘主要来源于煤炭、矿石、水泥、化肥等装卸、运输过程中产生的粉尘和煤炭、矿石堆场在自然风力作用下的二次扬尘,以及港内生活、生产辅助设施等使用燃料产生的烟尘。

(2) 污水。

① 含油污水来自油船的压舱水、洗舱水、机舱水及岸上的加油站、机修间和流动机械的冲洗水等。

② 含煤、矿污水来自煤炭、矿石码头堆场的雨水,码头面、传动带机房、坑道、廊道的冲洗水及渗漏含煤、矿污水。

③ 集装箱洗箱水包括冲洗装过有毒、有害货物的集装箱和修箱前的集装箱产生的污水,成分较复杂,需做特殊处理。

④ 生活污水主要来源于港区食堂、浴室及船舶生活污水等。

(3) 有害气体。港区有害气体来自燃煤锅炉、进出港的汽车和船舶及油品装卸等排放的二氧化硫、一氧化碳、氮氧化物和烃类等。

(4) 固体废弃物。

① 生产垃圾和生活垃圾。生产垃圾主要为货物杂质、作业衬垫料、锅炉废渣,以及机修和维护产生的废物、油渣泥、废工具等;生活垃圾包括食物残渣、卫生清扫物和一切生活废弃物等。

② 船舶垃圾。船舶垃圾包括甲板、货舱的衬垫料、扫舱物料,以及船员生活活动产生的卫生清扫物、食物残渣和厨房垃圾等。

(5) 噪声。港区噪声分流动源和固定源两种,主要是船舶(包括汽笛)和装卸机械、运输机械产生的噪声。

(6) 溢油。溢油是对水环境影响较大的污染源和污染物。溢油原因多种多样,有技术原因、管理原因和自然原因等。例如:船舶和码头作业不当,输油臂、管线、阀门失灵,油管线破裂,伸缩节垫圈老化等导致跑、冒、滴、漏;船与码头、船与船相撞或油罐冒顶;船舶在恶劣的气候条件下触礁、搁浅或者碰撞等。

1.3.2 港口总体规划落实绿色发展理念的编制原则和目标

为尽可能降低港口总体规划实施的环境影响,除了在港口码头施工、建设运营阶段深入落实各项生态环保措施以外,港口总体规划阶段即要充分考虑规划区域的资源条件禀赋,充分贯彻绿色发展理念,提前考虑并降低上述影响。

具体而言,港口总体规划编制应遵循生态优先、统筹协调、用足存量、集约节约等原则。

1) 生态优先原则

港口总体规划编制中充分融入"生态优先、绿色发展"理念,将该理念贯穿于港口总体规划规划原则、岸线利用规划、平面布置规划、集疏运规划、绿色发展各方面和全过程。

2) 统筹协调原则

统筹规划港口岸线资源,合理确定各港区功能分工,并充分考虑与国土空间规划、环境保护规划等有关规划的衔接协调。

3) 用足存量原则

重视既有设施的整合改造,挖掘能力,在用足存量的基础上,科学规划未来资源。

4) 集约节约原则

引导港口岸线、土地、海域资源有序开发、规范化利用,提高利用效率,坚持深水深用,优先发展公用码头,提升港口服务水平。

规划目标为在港口总体规划中充分融入绿色发展理念,统筹协调港口发展与生态环境保护的关系,减少生态矛盾冲突,筑牢生态安全屏障,减少港城矛盾,促进港城协调发展,构建与自然、城市和谐相处的港口空间布局。

为达到在港口总体规划编制中全过程落实绿色发展理念的目标,本书在调研国内外绿色港口空间规划理念及实践的基础上,以现行的《港口总体规划编制内容及文本格式》中港口总体规划编制内容为基础,采用先评估、再规划的思路,提出了评估、岸线利用规划、平面布置规划等重点规划内容落实绿色发展理念的规划思路和关键技术方法,并应用于北部湾港、宁波舟山港、镇江港等港口总体规划编制中。在研究基础上,提炼并形成了《港口总体规划落实绿色发展理念编写指南(建议稿)》(见附录3)。

第 2 章

国内外绿色港口空间规划理念及实践

目前我国绿色港口创建大多在建设运营阶段,如在降低船舶排放方面主要有基于船舶绿色绩效的奖励计划、船舶降速计划、岸电建设及使用;在港口活动方面推广智能照明系统、建立废物管理回收计划、使用清洁能源装卸设备和运输车辆等。从港口全生命周期来看,在港口空间规划的源头阶段,如何落实绿色发展理念,减少生态矛盾冲突的研究相对较少。本章收集了国内外可供绿色港口空间规划借鉴的理论和案例。

2.1 理论研究与探索

Ecoshape[①]和国际航运协会环境保护委员会分别在 2008 年、2014 年提出了"Building with Nature"和"Working with Nature"的生态建设理念。旨在港口项目建立之初即考虑区域特色生态系统,通过顺应生态环境的方式实现开发建设目标,同时保护、恢复和改善环境。在空间上识别项目所在区域关键生态要素,突出与生态建设理念相融合的关键区域。在时间上结合项目推进各阶段(立项、规划、设计、施工、运营、维护)的不同特点,突出生态建设理念在不同时间节点的实施效果。

2.1.1 国际航运协会

国际航运协会环境保护委员会在其 2014 年修编的《沿海港口可持续发展导则》(*Sustainable Ports-A Guide for Port Authorities*)中提出了与自然融合(Working with Nature)的港口生态建设新理念。

1) 宗旨

港口项目建立之初应考虑区域特色生态系统,通过顺应生态环境的方式实现开发建设目标,同时保护、恢复和改善环境。

---

① Ecoshape:由荷兰著名疏浚公司 Royal Boskalis 公司与 Van Oord 公司共同出资 3000 万欧元成立,目前已发展成为涵盖政府机构(欧盟、欧洲区域发展基金委员会、荷兰政府等)、商业公司、研究机构(荷兰皇家海洋研究所、代尔夫特大学、特文特大学等)在内的生态联盟组织。

2) 目标

与自然融合的港口生态开发新理念从项目全生命周期角度出发,将生态要素与经济建设融合考虑,确立了尊重自然、融入自然的经济发展原则,并提出了相关发展目标:

(1) 在港口项目开展前应了解区域生态环境,识别关键生态要素。

(2) 在港口项目开展过程中应综合考虑各生态要素,寻求协同发展的途径。

3) 与传统港口建设思路的差异

传统港口建设思路重点在于评估港口建设对环境的影响后果,并降低港口建设对生态环境的影响,而与自然融合的港口生态建设新理念旨在项目之初,即遵从生态系统规律,寻求包括港口管理方、政府监管方、项目开发者、当地环境保护者以及区域生态环境在内的各相关利益方多赢的途径,实现经济与环境利益的双赢局面。

总体而言,与自然融合的港口规划建设理念在平衡经济、社会、技术和环境因子方面取得一定突破,探索性地提出了关于生态环境与港口建设工程融合发展的新思路。

2.1.2 Ecoshape

2008年,Ecoshape 在基于"Building in Nature"理念的基础上,着重考虑人与环境的耦合关系,重新构思了开发建设与自然生态环境的顶层联系,开拓性地提出了关于"Building with Nature"理念,确立了人类与生态环境联系的新方式。

1) 愿景

在深入了解自然环境生态规律的基础上,将生态理念与经济开发活动相结合,通过采取高效、经济、可持续的开发方式,打造和谐、适宜生活的一方沃土。

2) 目标

将"Building with Nature"理念融入工程顶层设计,力求在实际工程建设中实现"Building with Nature"理念。

3) 实施

空间上在立项阶段即充分考虑涉及生态环境的相关环节,识别项目所在区域关键生态要素,突出与"Building with Nature"理念相融合的关键区域。

时间上结合项目推进各阶段(立项、规划、设计、施工、运营、维护)的不同特点,突出"Building with Nature"理念在不同时间节点的实施效果。

2.2 国内外绿色港口空间规划案例

随着上述理念的提出,引导自然环境、融入生态规律的思想逐渐得到学术界、工程界的广泛认同,港口重点发展理念也从传统码头功能布局转变为区域内港口生产与生态环境协调发展。绿色发展理念在港口空间规划中的探索主要体现在以下几个方面。

2.2.1 设立水体交换通道,协调环境敏感要素

考虑到港池水体交换能力对港区水体水环境的重要性,以长滩-洛杉矶港、唐山港曹妃甸港区等为代表的港口,在平面布置中考虑了港池多口门多通道的设计。

1) 长滩-洛杉矶港

作为美国集装箱吞吐量排名前两位的大港,长滩-洛杉矶港毗邻好莱坞,人文气息浓厚,对临港水体有较高的要求。因此,在平面布局上不仅考虑了港口功能的便捷性,还体现了对水体交换的重视,主要表现在以下几点:

(1) 均采用了长防波堤+港池布置形式。长防波堤主要防止横浪作用,保证港口泊位的部分泊稳性;为了保证水体交换的质量,长防波堤口门处开口较大,预留了相对较为充足的水域空间;由于长防波堤口门宽度大,顺浪相对较大,港口内部区域布置了挖入式港池予以二次保护。

(2) 防波堤内码头布置形式主要分为三种:第一种为顺岸式,该码头所在水域基本为循环水域;第二种为环抱式港池,该港池口门宽度一般较大,保证了较为宽裕的纳潮通道;第三种为狭长型港池,其基本预留了双通道以上的水体交换途径。

长滩-洛杉矶港平面布局如图2-1所示。

图2-1 长滩-洛杉矶港平面布局图

2) 唐山港曹妃甸港区

唐山港曹妃甸港区开发方案研究之初即提出遵循该区域水沙运动规律,尽量少改变现有滩槽相间的地貌环境,按照顺流减淤原则,依照水下地形合理制定总体布置方案的思路。同时考虑到老龙沟深槽流速对纳潮量的变化比较敏感,有必要保持一定的纳潮水域,因此打

通大堤、布置纳潮河将东西两翼港池水域贯通,加强水体交换。

唐山港曹妃甸港区平面方案如图2-2所示。

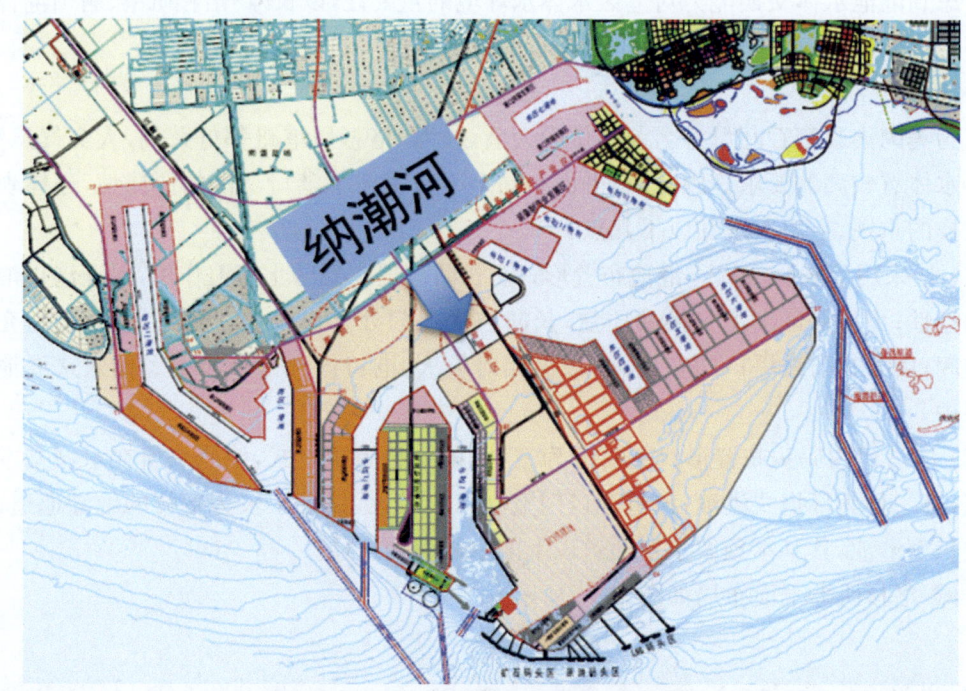

图2-2 唐山港曹妃甸港区平面方案

3) 天津港东疆二港岛

围绕港口岛屿布局开发,天津港做出了有益尝试。为开发填海形成的东疆二港岛,将其打造为北方国际航运中心核心功能区和中国特色自由贸易港区,天津港转变传统开发思路,在依托港口运输功能的同时,重点发展国际航运服务、自由贸易与金融创新、海洋经济示范、滨海休闲与居住服务等职能,力图打造新型港城融合人工岛。

在东疆二港岛平面布局研究中,一方面天津港注重二港岛内水体质量,突破了原规划环抱式港池方案的局限,建立起与外海相连通的潮汐通道(图2-3),为港城提供了更为和谐的

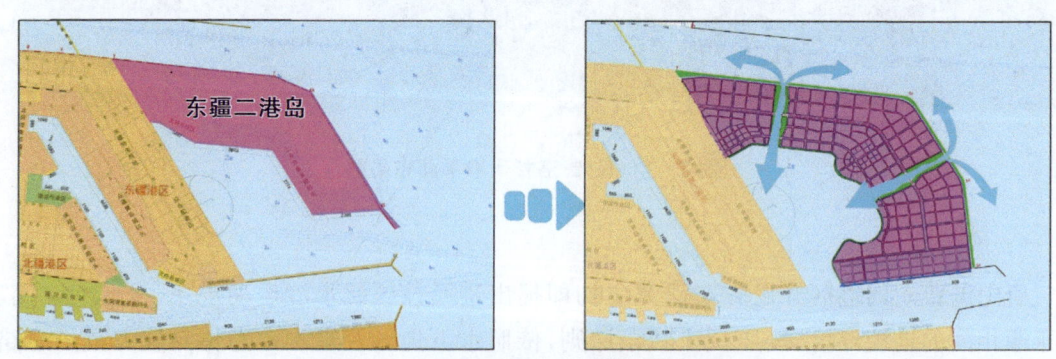

图2-3 天津东疆二港岛规划理念示意图

生态水域环境；另一方面，在二港岛绿化问题方面，天津港规划绿地以点、线、面紧密结合，建立起完善的生态陆地绿化廊道（图2-4）。

图2-4 东疆二港岛绿地景观规划

4）大连港太平湾港区

大连港太平湾港区开发方案研究首先通过对近岸海陆域生态环境的分析，识别了规划区域内近岸海域水体、潮间带、河流湿地、山体绿地等关键生态要素，如图2-5所示。

图2-5 太平湾港区生态要素现状示意图

其次,将生态保护理念引入太平湾港区规划研究之中,开展了生态型港口空间布局宏观概念模型研究,构筑"一轴两廊四区一中心"的生态格局,如图 2-6 所示。"一轴"即采用离岸岛式布置理念改善港池水体环境,构筑太平湾港区水生态轴线;"两廊"即保留区域河流和沿海潮间带在内的生态水系完整性,对受养殖影响的潮间带区域进行生态补偿与修复,打造港城区域内的绿色生态廊道和休闲走廊;"四区"即打造永定河、土城河生态河流区,保留太平角、大西山区域生态山体区,构建港区多维度的异质性生态系统;"一中心"即打造以太平湾港区为中心的生态经济系统,构建太平湾新城临港经济区。

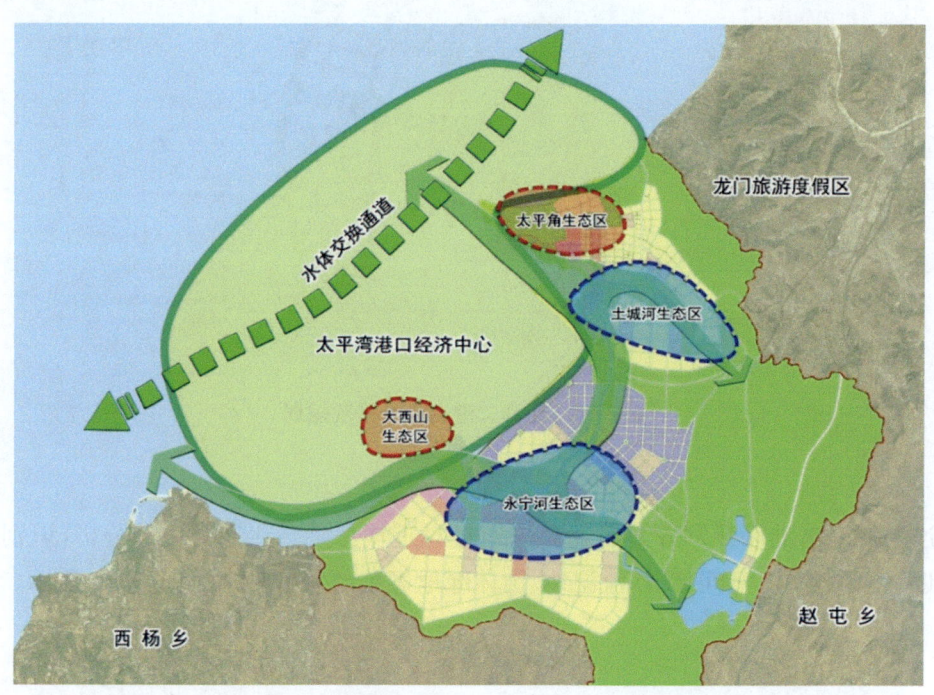

图 2-6 "一轴两廊四区一中心"总体布局框架图

最后,开展了生态型港口微观概念模型研究。采用岛式防波堤多口门形式,提高港池水体质量(图 2-7)。为保证近岸海域水体质量,解决港口与城市对于岸线的需求矛盾,港区东西两侧均采用离岸式人工岛形式布置,预留宽约 500 m 的近海潮间带区域作为水体交换通道,打造休闲与生态湿地(图 2-8)。考虑到强风向和常风向,散货宜布置在港口西北部靠海侧,避免城市受到港口作业的粉尘污染。

2.2.2 注重生态功能预留和补偿

为弥补港口开发造成的生态损失,以德国不来梅港、法国勒阿弗尔港为代表的港口开展了大量的生态补偿工作。为创造港口宜人的环境,以日本东京港、上海港洋山港区为代表的港口注重港区绿色与景观营造。

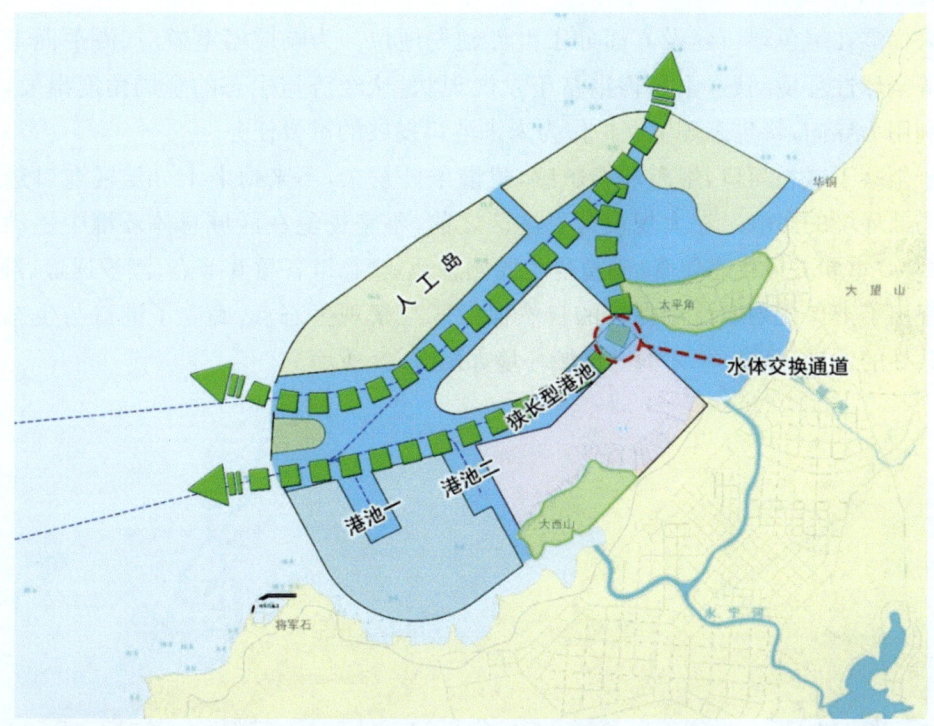

图 2-7　长防波堤（人工岛）+狭长型港池布置形式

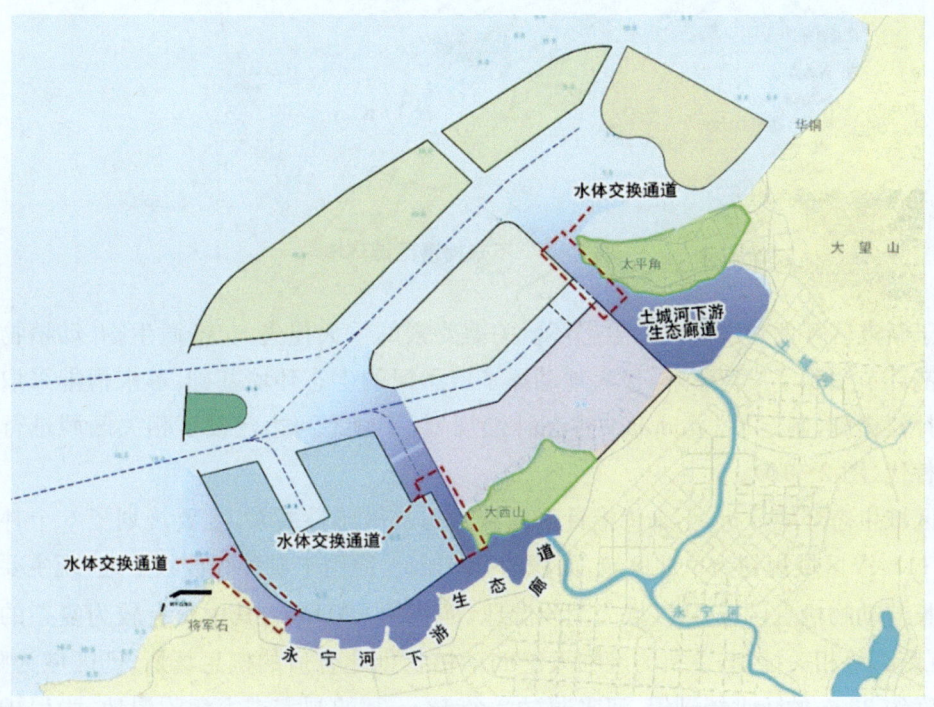

图 2-8　生态廊道下游水系水体交换通道示意图

1) 德国不来梅港

不来梅港在绿色港口建设方面处于世界领先地位。为响应温室效应、海平面上涨和冻土消失等全球性环境问题,不来梅港基于发展现状,从经济与生态的全局角度出发,以资源节约化利用为导向,将生态环境保护作为未来港口发展的重要任务。

由于坐落于威悉河口,生态环境敏感,建港条件复杂,不来梅港十分重视港口选址建设对区域局部环境的影响。在大规模开发港区之前,不来梅港在区域总体环境中主动识别了 Nature 2000 重要关键生态要素(动植物主要栖息地、食物链各重要节点、潮汐通道、湿地保护区等),提出了港口规划应注重保护的自然保护区与景观生态点,确立了港口与生态自然系统和谐共处的发展环境。不来梅港区域环境如图 2-9 所示。

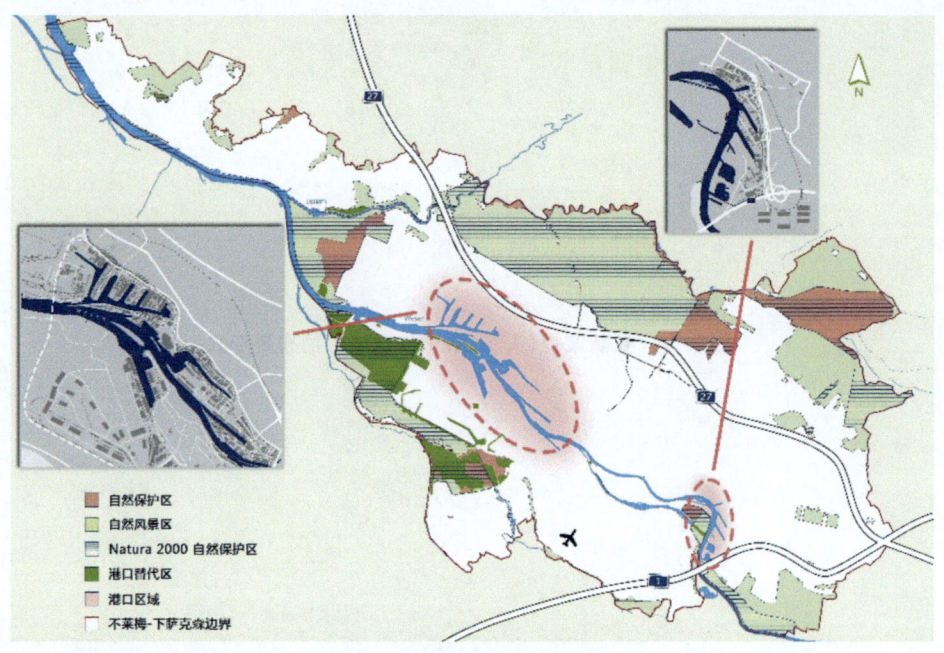

图 2-9 不来梅港区域环境

由于新港区开发建设造成了生态环境关键要素的重大损失,包括微生物、动植物在内的各食物链环节受到了广泛影响,极大地动摇了威悉河的生态环境基础,不来梅港采取了庞大的生态补偿措施,制定了 Luneplate 生态补偿规划,于威悉河边建设了相关区域进行自然站点生态替代(图 2-10)。

经区域生态环境分析,不来梅港针对区域生态链敏感性要素,主要规划了 5 个补偿区域(图 2-11):A 区域规划为草地区域,面积约 290 hm²,原用于耕种和放牧土地,现主要规划为植物生长与动物栖息区域;B 区域为潮汐湿地,面积约 220 hm²,其中设有较为复杂的潮汐通道,布有芦苇等相关植物,主要为濒临灭绝的动植物创建合适的栖息场所;C 区域为防波堤,建设宽度约 35 m 的防洪挡潮堤,河水通过 2 个 13 m 宽的闸室进入潮汐湿地,为保护湿地浮游生物及动植物生存环境,闸门在极端高潮位和风暴潮期间关闭;D 区域为潮汐泵站,主要调

图 2-10　不来梅港生态补偿区域

图 2-11　Luneplate 生态补偿规划图

节区域内的水位情况；E 区域为老威悉河，面积约 140 hm²，规划在此设计池塘、乔木和灌木、芦苇和草地等不同结构的动植物栖息地。

不来梅港在港口发展轨迹中将生态因素与经济功能相融合，构造了一个适应于区域环境的顶层发展框架，提出基于现实状况与未来趋势的港口发展目标，在绿色港口、生态环境建设、循环经济方面的实践得到了国际认可,并被国际航运协会作为生态港口成功案例收录在 *Masterplans for the Development of Existing Ports* 一书中。

2) 法国勒阿弗尔港

作为法国最大的集装箱港口和能源运输港口之一,勒阿弗尔港在强化港口中心地位的同时,也极为重视生态型港口发展。

勒阿弗尔港位于塞纳河口,港区生态要素复杂,自然环境地位重要(图 2-12)。因此,在港口的发展历程中,勒阿弗尔港建立了完善的生态型港口发展原则:

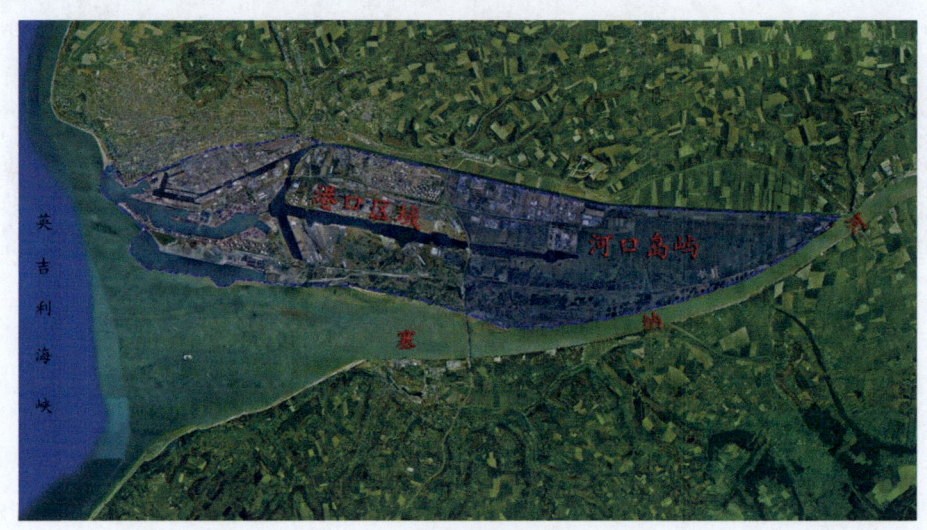

图 2-12 勒阿弗尔港总体布局图

(1) 在港口工程立项时,应首要考虑生态要素完整性,综合分析港口工程置入生态环境下的耦合度。

(2) 提前预估并尽量减少工程对自然环境造成的生态损失。对每一个生态损失务必采取一定的生态补偿措施并进行生态评估,确保生态系统结构稳定性、功能完整性未受影响甚至得到强化。

(3) 工程建设过程中尽量采用循环措施,如施工材料循环使用等。

(4) 提前预估工程年限,分期实施工程建设,给自然环境预留足够的时间与空间,使之适应港口工程建设以及生态修复后的新环境。

以勒阿弗尔港 2001 年集装箱码头扩建工程为例,截至 2006 年,该码头扩建工程带来的生态环境研究费用总计 4 600 万欧元,生态环境工程费用(生态补偿、生态改造等)总计 2.18 亿欧元。由于该工程涉及塞纳河口众多生态要素的改变,勒阿弗尔港在生态环境工程中重点考虑了其结构稳定性以及功能上的相关补偿措施:

(1) 通过分析工程对自然环境的破坏程度,在港口平面布局上重点打造了港口与自然环境的生态联系桥梁,包括塞纳河道、生态防波堤、海滩以及鸟类岛屿等。

(2) 提前预估工程实施时间,为塞纳河口生态系统提供足够的生态适应时间。

(3) 在分期实施过程中,循环使用自然环境相关物质,如将航道疏浚土用于鸟类岛屿建设等。

(4) 通过对包括生态食物链在内的生态系统进行深入调查,确定了生态补偿的重点工程措施:

① 泥滩恢复。通过建设堤坝来调节潮汐,以此形成潮间带通道,缓解因潮汐和泥沙运动而导致的河口下移。

② 建立人工鸟类栖息地。为弥补工程破坏的原鸟类栖息地,目前已在塞纳河口处建造了一个人造鸟类栖息岛屿(图 2-13),未来将建造总计三个人工生态补偿岛屿。

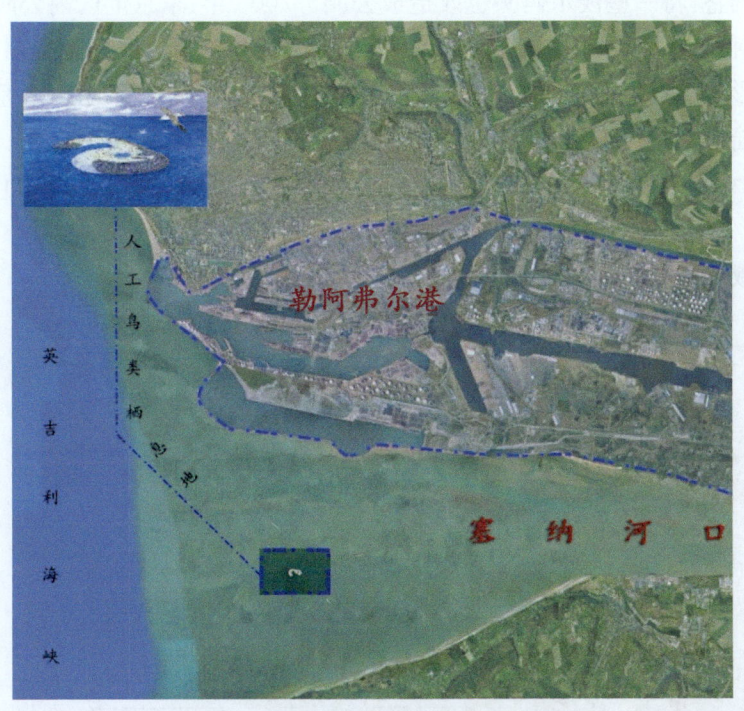

图 2-13　勒阿弗尔港生态补偿人工岛

③ 创建 70 hm² 的自然保护区。由于港口集疏运体系占用区域涵盖大量动植物栖息地,勒阿弗尔港将该区域大部分动植物迁移至新规划区域,并将该区域划分为自然保护区。

④ 加强区域环境质量管控和生态跟踪调查。借助研究机构、环保组织、当地渔民等相关机构和个人,收集有关生态经济方面的数据,从而后续评估港口扩建工程对生态资源的短期和长期影响。

勒阿弗尔港在港口建设中将生态环境与港口功能相结合,制定了生态港口发展原则,重点考虑了各项工程在生态环境中的耦合程度,在生态理念应用、补偿措施实施等方面得到了欧盟的高度认可,被纳入"Building with Nature"成功案例。

3) 日本东京港

日本东京绿色港口是日本较早提出绿色发展理念的大型港口,其提倡通过一系列环保建设来改善港口景观。在绿地规划方面，东京港通过港务局出台的绿色规划措施，对港口公园进行大面积绿地布局，保证了土地利用的绿色与合理。同时，在港口环境建设上，东京港十分注重海岸线景区和临海景观的建设，致力于对岸滩的恢复，对港口的绿化建设。目前，东京港已经完成绿地公园的建设，与此同时开始进行填海造陆的作业，并加强海域环境的建设，以海洋公园、自然景观、野生动物栖息地等近海景观设施的绿化建设与保护作为工作重心，走上了可持续发展的绿色道路。

东京港十分重视港区宜人环境的营造，制定有港区公园绿地规划等环境规划。东京港建港后，为了避免城市与海洋之间的隔阂，在新的填海造地区域内规划了一批海滨公园，随着港区功能的调整，将一些浅水码头也改造成公园。2003年，东京港区内公园数量已达到42个，公园陆域面积310 hm²，水域面积470 hm²，如台场海滨公园、梦之岛公园、若洲海滨公园等。公园绿地形成了点、线、面的布局结构，相互连接构成了港区绿地网络系统。为了缓解大规模填海造陆带来的生态影响，港区公园建设充分考虑了海水生物恢复、乡土植物保护、野鸟保护、海水水质改善等的需要，如公园绿地中野生植物的利用、无铺装的园路广场，还有生态护岸建设。

东京港区域环境如图2-14所示。

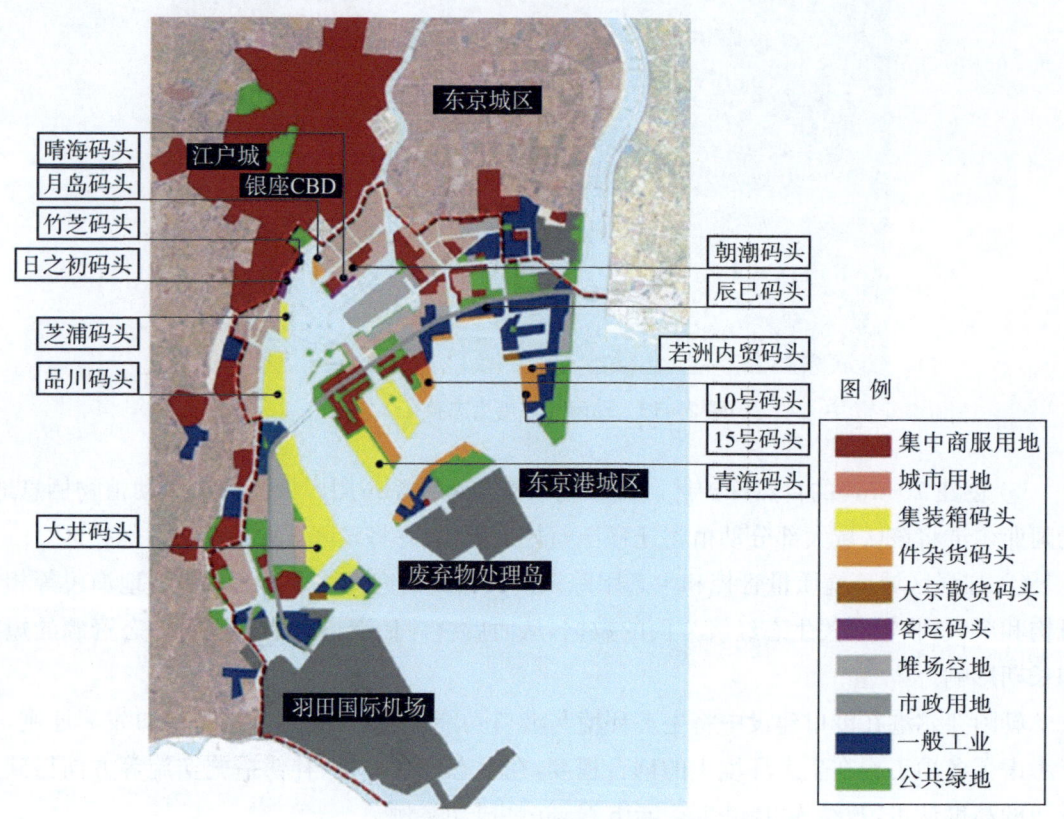

图2-14 东京港区域环境

4）上海港洋山港区

上海港在洋山港区一期工程规划建设中，对生态港口建设理念进行了尝试和实践。一方面，在规划层面为山体绿地预留了发展空间，考虑了港口功能布局，体现与生态山体的包容融合性；另一方面，也对建设中破坏的生态环境采取了人工修复与自然恢复相结合的工程手段，还原了洋山港区青山绿水，洋山港区生态绿化恢复基本达到预计效果。

洋山港区绿化示意如图 2-15 所示。

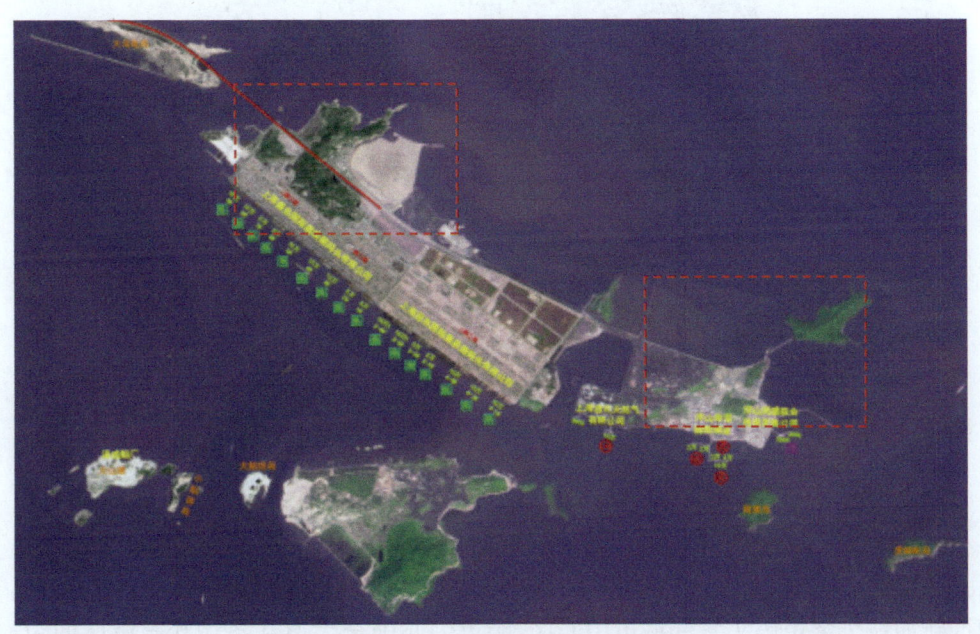

图 2-15 洋山港区绿化示意图

为保证洋山附近海域的生物多样性，施工期合理安排施工时间，尽量避开鱼类产卵以及索饵期，一定程度上减缓了生态破坏。同时，通过采取大量的人工生态补偿（人工放流多种鱼类以及数吨底栖生物等）措施，在附近海域再造了一个良性生态循环系统，重新恢复了长江口水生生态系统的平衡。

2.2.3 促进港城协调发展

1）长滩-洛杉矶港

长滩-洛杉矶港考虑了与城市的衔接问题。一方面，积极转变集装箱集疏港方式，推动集装箱铁水联运发展。洛杉矶市政府投资 24 亿美元，历时 5 年建成连接港区和洛杉矶市中心区附近的铁路中心站的阿拉米达走廊，将洛杉矶港、长滩港与内陆铁路场站连接起来，合并了 4 条铁路支线，开挖了 16 km 的地下渠道，消除了 200 多个平行交道口。阿拉米达走廊建成后，大大减少了卡车运输引起的尾气污染、噪声问题，减少废气排放 80% 以上，降低噪声 90%，减少了 23% 的集装箱卡车转运量，对缓解港城矛盾做出了极大的贡献。另一方面，在港区周边均设置了游艇码头等具备城市功能的相关设施，满足城市对海洋的亲水性，如图 2-16 所示。

图 2-16 阿拉米达货运走廊

2）新加坡港

新加坡国土面积仅 724 km²，集装箱码头占地约 7 km²，占其总国土面积的 10.0‰。从位置上看，新加坡集装箱码头紧邻城市中心区，距市中心国会大厦和圣淘沙旅游区的距离都在 2 km 以内。在极为有限的地理空间内，尽管二者相距很近，但新加坡港以水水中转为主的运输特征，使得公路疏港交通量极小，与城市交通几乎无干扰，从而实现港城一体化协调发展。

新加坡城市功能区分布如图 2-17 所示。

图 2-17 新加坡城市功能区分布

3）天津港

为了适应不断增长的港口集疏运需求,天津港积极采取措施,加快完善港口集疏运体系,通过加快推动铁路专用线建设、提高铁路运输组织效率、加快推动天津港内陆物流网络建设、推动海铁联运和大陆桥运输等,减少对公路的依赖,实现港城协调发展。其成效及典型案例如下:

(1) 推进煤炭运输"公转铁"。天津港是我国最主要的煤炭下水港之一,2017 年之前近 6 000 万 t 煤炭通过公路运输到达天津港,过境运煤车辆近 200 万辆次。2017 年 4 月,天津港不再接收公路运输煤炭,煤炭集港全部转移至铁路运输,此后唐山港、黄骅港、潍坊港等环渤海港口也不再接收柴油货车运输的集疏港煤炭。北京市延庆区运煤货车日均减少 3 000~4 000 辆次,沿线 $PM_{2.5}$ 浓度年均值降低 $2\ \mu g/m^3$ 以上。

(2) 开行"牧草"班列。2021 年前,天津港进口苜蓿草几乎都采用公路运输运送到宁夏、内蒙古等西北地区,存在时间长、受天气影响大等弊端。天津集装箱中心站积极拓展"铁水联运"的运输方式,2021 年天津至呼和浩特海铁联运首班"牧草"班列开行,该班列搭载着从美国洛杉矶港运抵天津港的进口苜蓿草,驶向呼和浩特台阁牧站,返程运输内地生产的 PVC、葵花籽、有色金属等货物至天津港出口,形成重来重回的"钟摆式"运输。

天津港推进集疏运结构调整如图 2-18 所示。

图 2-18 天津港推进集疏运结构调整

综上来看,对于港口空间规划如何体现绿色发展理念,可借鉴的案例主要体现在港口平面布置设置水体交换通道、综合考虑对周边环境保护区的影响、注重生态功能预留和补偿、促进港城协调等相关方面。但总体而言,港口空间规划绿色发展理念尚处于探索起步阶段,还未形成完整的体系。

第 3 章

基于绿色发展理念的港口发展基础评估

3.1 评估目的及原则

2006年,交通部发布的《港口总体规划编制内容及文本格式》要求港口总体规划编制时,应首先从港口的作用及特点、存在问题两个方面开展对港口发展的综合评价。上述评价侧重于对港口发展规律、发展阶段等的认知。基于绿色发展理念的港口发展基础评估拟识别港口发展现状中与空间规划相关的环境问题,为后续引导空间合理布局、优化港口平面方案等提供基础,重点对港口发展现状进行评估。在必要的情况下,可对上一轮港口总体规划进行评估。

评估内容筛选原则如下:

1)指导性

评估工作目的是指导港口总体规划编制,即加强对港口总体规划中岸线利用规划、平面布置规划、水域布置规划等相关内容的指导。

2)针对性

评估重点是从落实绿色发展理念角度识别港口发展现状及上轮规划中与空间规划相关的环境问题。

3)简便、易操作

评估内容及相关指标应方便、易获取、易操作,即评估内容及相关指标应该是容易获得的或在常规数据基础上通过简单计算即可完成的。

3.2 评估主要内容及技术

3.2.1 基于矢量数据叠加的港口发展现状与环境敏感区协调性分析

1)评估对象

港口发展现状/原规划方案与环境敏感区的空间位置、管控要求的协调性。

2)评估目的

评判港口发展空间与环境敏感区空间位置以及管控要求是否存在冲突,以协调港口空间规划与生态环境保护的矛盾冲突,指导港口空间规划调整、优化。

3)评估内容及相关指标

(1)评估内容。收集分析港口现状水陆域布置方案、周边环境敏感区矢量数据及环境敏感区管控要求,采用 ArcGIS 空间分析法等将港口现状水陆域布置方案与环境敏感区矢量数据进行叠加分析,评估港口现状发展空间与环境敏感区空间位置、管控要求的冲突情况。必要时,可评估上一轮港口规划空间与环境敏感区的协调性。

环境敏感区包括生态保护红线、永久基本农田、各类环境保护区,以及相关环境保护规划里划定的环境敏感区域。根据目前生态环境管理部门对环境敏感区的管控要求,可以将环境敏感区分为禁止开发区、限制开发区两类。结合现行的管理规定,并参照生态环境部近年来对港口总体规划环评报告的审查尺度,禁止开发区应包括生态保护红线、永久基本农田、自然保护区、海洋特别保护区、海洋保护区、饮用水源一级保护区和二级保护区等。限制开发区包括水产种质资源保护区、饮用水源准保护区、风景名胜区等。

(2)评估指标。港口岸线涉及禁止开发区/限制开发区长度;港口陆域涉及禁止开发区/限制开发区面积;航道涉及禁止开发区/限制开发区长度;锚地涉及禁止开发区/限制开发区面积。

4)优化调整方向

涉及禁止开发区的港口应避让禁止开发区(必须且无法避让、符合县级及以上国土空间规划的航道等线型设施除外);港口开发应尽可能避让限制开发区,涉及限制开发区但必要的港口开发应提出优化港口功能、限制污染物排放、落实生态修复和补偿措施、设置生态景观及屏障等建议。

5)案例:北部湾港总体规划(2035 年)

规划港口区避让生态环境敏感区,选址于生态相对不敏感的区域,是港口实现绿色发展的先决条件。《北部湾港总体规划(2035 年)》在编制之初,即对规划区域的环境敏感区及生态保护红线、永久基本农田等进行了识别。针对原规划方案开展了港口岸线、水陆域与上述环境敏感区的协调性分析(以钦州港域为例,给出港口岸线、陆域、航道、锚地与环境敏感区的协调性评估,见表 3-1~表 3-3)。在本次规划中充分考虑了生态保护红线、红树林保护区等环境敏感区的规避,在铁山东港区、企沙港区潭油作业区等区域进行了大幅的规划资源缩减,共缩减港口岸线 30 余千米,尽最大可能保护周边红树林等生态环境。

原规划方案与环境敏感区重叠图如图 3-1 所示。

表 3-1 钦州港域原规划方案与环境敏感区协调性评估表（岸线、陆域）

序号	岸段名称	规划利用岸线长度/km	已利用岸线长度/km	主要规划用途	与相关规划协调性分析					调整建议
					与生态保护红线	与广西红树林资源保护规划	与永久基本农田	涉及的环境敏感目标		
	合计	64 570	17 763.73							
一	钦州湾西北岸线	215	215							
1	龙门半岛岸线	215	215	远景预留	涉及生态保护红线约100 m	涉及红树林规划（限制开发建设区）约100 m		无		缩减或者避让
2	龙门岸线	215	215	物资陆岛运输和客运	无	无		无		
3	观音堂岸线			远景预留	无	涉及红树林规划（限制开发建设区）长度约55 m		无		缩减或者避让
二	茅岭岸线	250	250	干散货、件杂货	无	无		无		
三	平山岸线	130		物资陆岛运输和客运	无	无		无		
四	沙井岸线	1 177	577	旅游客运、港口支持系统	无	无		无		
五	钦州湾北岸线	15 347.5	11 652							
1	樟木环岸线	4 828		远景预留	紧邻生态保护红线	无		无		优化
2	勒沟岸线	4 508		干散货、件杂货、港口支持系统	陆域占用生态保护红线面积约13 085 m²	无		涉及茅尾海红树林自治区级自然保护区面积约13 085 m²		缩减或者避让

续 表

序号	岸段名称	规划利用岸线长度/km	已利用岸线长度/km	主要规划用途	与相关规划协调性分析				调整建议
					与生态保护红线	与广西红树林资源保护规划	与永久基本农田	涉及的环境敏感目标	
3	果子山岸线	2980	2131	干散货、液体散货、件杂货	无	无		无	
4	鹰岭岸线	3577	2977	液体散货、煤炭	无	无		无	
5	金鼓江岸线	3962.5	2036	液体散货、干散货、港口支持系统	无	无		无	
六	钦州湾东岸线	45734	4999.23						
1	大傀垆岸线	6558	503.23	干散货、件杂货、集装箱、滚装、港口支持系统	无	无		无	
2	大傀垆南岸线	6983	3950	集装箱、件杂货、滚装、干散货	无	无		无	
3	大环岸线	8299		集装箱、件杂货、干散货、港口支持系统	无	无		无	
4	三墩岸线	14944	8950 546	液体散货、干散货、港口支持系统	无	无		无	
七	三娘湾岸线	1716.5	70.5		无	无		无	
1	麻蓝岛岸段	33.5	33.5	旅游客运	无	无		无	
2	乌雷岸段	1583		旅游客运、港口支持系统	无	无		无	
3	大庙墩岸段	50	18.5	旅游客运	无	无		无	
4	三娘湾岸段	50	18.5	旅游客运	无	无		无	

表 3-2　钦州港域原规划方案与环境敏感区协调性评估表(航道)

港域	航道	与生态保护红线	涉及的环境敏感目标 (主要为二长棘鲷长毛对虾国家级 水产种质资源保护区)
钦州港域	钦州湾西航道		试验区约 6 925 m
	钦州湾东航道	涉及北海市近海南部重要渔业资源产卵场红线区约 2 595 m	核心区约 10 719 m,试验区约 29 375 m
	茅岭航道		
	沙井航道		
	乌雷航道		
	三墩东航道		试验区约 5 698 m

表 3-3　钦州港域原规划方案与环境敏感区协调性评估表(锚地)

港域	锚地	与生态保护红线	涉及的环境敏感目标 (主要为二长棘鲷长毛对虾国家级 水产种质资源保护区)
钦州港域	外 1#锚地(2 000 吨级)		
	外 2#锚地(1 万吨级)		试验区约 6.3 km²
	外 3#锚地(2 万吨级化学品船及危险品船)		试验区约 16.6 km²
	外 4#锚地(2 万吨级)		试验区约 23.9 km²
	外 5#锚地(3~5 万吨级)		试验区约 25.9 km²
	外 6#锚地(10 万吨级)	涉及 0.03 km²	试验区约 93.6 km²
	外 7#锚地(5 万吨级化学品船及油船)	涉及 10.95 km²	核心区 10.1 km²,试验区约 63.1 km²
	外 8#锚地(10~15 万吨级油船)	涉及 40.0 km²	核心区约 34.6 km²,试验区约 17.1 km²
	外 9#锚地(15 万吨级危险品船)	涉及 11.5 km²	核心区约 18.1 km²,试验区约 25.2 km²
	外 10#锚地(10~20 万吨级集装箱船)		核心区约 105.0 km²
	外 11#锚地(30 万吨级油船)		核心区约 34.7 km²
	外 12#锚地(危险品船)		
	内 1#锚地(5 000 吨级)		
	内 2#锚地(万吨级以下)		
	内 3#锚地(3 000 吨级以下)		
	内 4#锚地(3 000 吨级)		
	应急锚地		

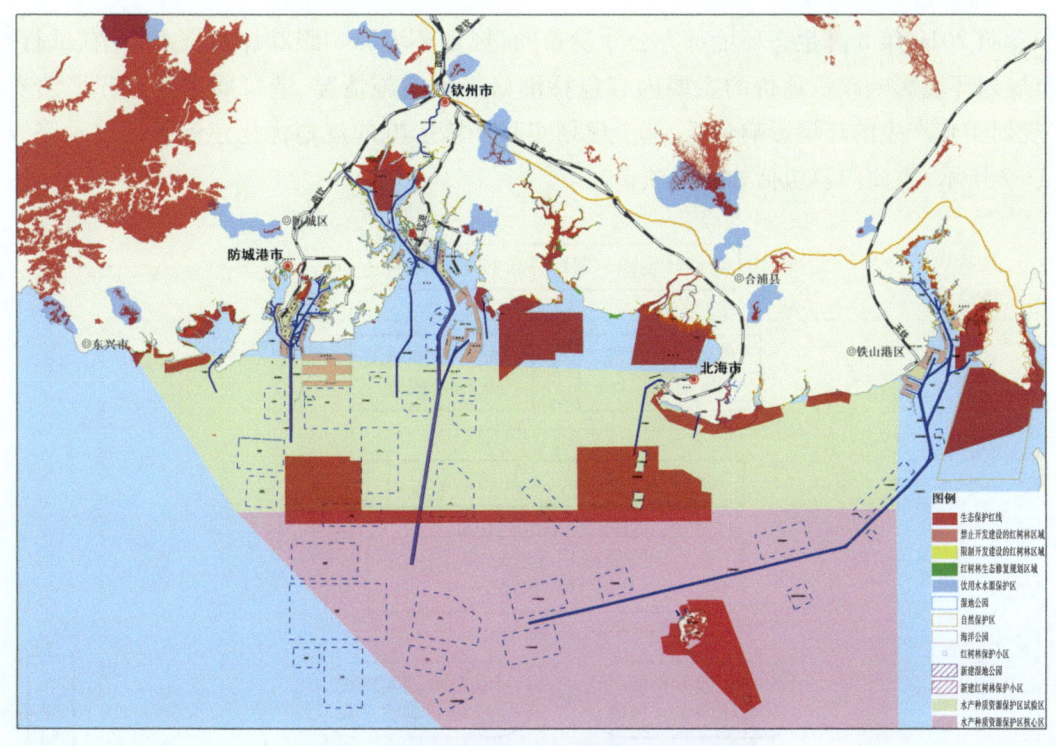

图 3-1　原规划方案与环境敏感区重叠图

3.2.2　基于实际环境影响的规划环境影响跟踪评价

1）评估对象

上一轮港口总体规划实施产生的环境影响。

2）评估目的

规划环境影响跟踪评价工作在《中华人民共和国环境影响评价法》第十五条①、《规划环境影响评价条例》第二十四条②中均有规定。生态环境部对南通港、岳阳港等港口总体规划环境影响评价报告的审查意见中也均提出"在《规划》实施过程中，每隔五年左右进行一次环境影响跟踪评价"。其评价目的在于分析规划实施的实际环境影响，评估规划采取的预防或者减轻不良生态环境影响的对策和措施的有效性，研判规划实施是否对生态环境产生了重大影响，对规划已实施部分造成的生态环境问题提出解决方案，对规划后续实施内容提出优化调整建议或减轻不良生态环境影响的对策和措施。规划编制部门应充分采纳规划环境影响跟踪评价对于规划后续实施内容的优化调整等建议，将相关建议纳入本轮规划编制中。

---

① 《中华人民共和国环境影响评价法》第十五条规定：对环境有重大影响的规划实施后，编制机关应当及时组织环境影响的跟踪评价，并将评价结果报告审批机关；发现有明显不良环境影响的，应当及时提出改进措施。
② 《规划环境影响评价条例》第二十四条规定：对环境有重大影响的规划实施后，规划编制机关应当及时组织规划环境影响的跟踪评价，将评价结果报告规划审批机关，并通报环境保护等有关部门。

3）评估内容及重点

参照 2019 年 3 月生态环境部办公厅发布的《规划环境影响跟踪评价技术指南（试行）》，港口规划环境影响跟踪评价的主要内容包括港口规划实施情况、港口周边生态环境演变趋势、规划实施产生的环境影响分析、基于规划实际环境影响的规划优化建议等。技术路线如图 3-2 所示，主要内容包括如下几项：

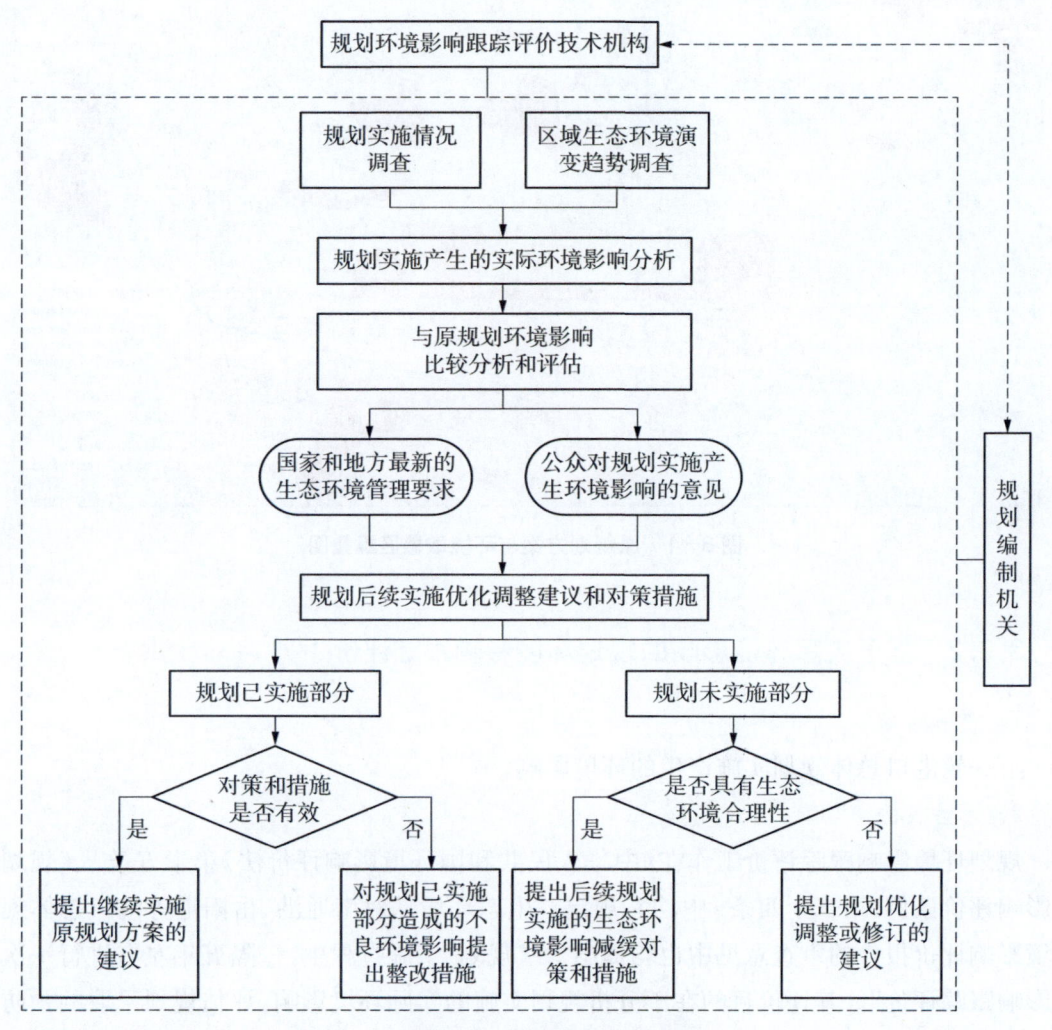

图 3-2　规划环境影响跟踪评价技术路线图

（1）港口规划实施情况。港口规划的实施情况，分析实施中的变化情况、变化原因，实施中采取生态环境影响减缓对策和措施的合理性和有效性。

（2）港口周边生态环境演变趋势。结合国家和地方最新的生态环境管理要求，综合区域、流域社会经济发展趋势及生态环境敏感区的变化情况分析，评价港口周边大气、水、噪声等环境要素的质量现状和变化趋势，评价区域生态系统以及资源环境承载能力的变化趋势。

（3）规划实施产生的环境影响分析。对比评估规划实际产生的生态环境影响范围、程度和规划环评预测结论,若差异较大,就深入分析原因。

(4) 基于规划实际环境影响的规划优化建议。对规划已实施部分,如规划实施中采取的预防或者减轻不良生态环境影响的对策和措施有效,且符合国家和地方最新的生态环境管理要求,可提出继续实施原规划方案的建议。如对策措施不能满足国家和地方最新的生态环境管理要求,就对规划已实施部分造成的不良生态环境影响提出整改措施。

对未实施完毕的规划,说明规划后续实施内容的生态环境合理性,对规划后续实施内容提出优化调整建议或减轻不良生态环境影响的对策和措施。

4) 优化调整方向

本轮规划在开展前应充分吸收、采纳港口规划环境影响跟踪评价报告中对规划进行优化调整或修订、实施规划方案等建议。

5) 案例:北部湾港总体规划(2035年)

在《北部湾港总体规划(2035年)》编制启动之初,同步启动了《北部湾港总体规划环境影响跟踪评价报告》的研究工作。《北部湾港总体规划环境影响跟踪评价报告》在调研原规划实施情况的基础上,开展了北部湾港三港域(防城港、钦州港、北海港)周边区域生态环境演变趋势调研工作。研究表明:海水水质方面,近年来,防城港域附近海水水质略有波动,在2017年和2018年均有一定程度下降,2019年和2020年水质状况良好;钦州港域附近的海水水质保持相对稳定,全都保持在一、二类水体;北海港域附近的海水水质保持相对稳定,主要水体为一、二类水体,其中少数监测浓度为三类或四类。总体上看,北部湾海域海水水质未受到港口发展的明显影响。海洋生态环境方面,通过对比历史调查数据,防城港域浮游植物和浮游动物种类数保持相对稳定,底栖生物和潮间带生物种类大幅下降,但栖息密度和生物量却出现显著的提升,表明该海域生态环境总体上未出现明显的恶化趋势;钦州港域和北海港域浮游植物和浮游动物种类数保持相对稳定,多样性指数、物种丰度和生物量均有大幅提升,但在底栖生物和潮间带生物方面,物种种类数、栖息密度和生物量均有较大的下降,可能由于监测点位变化,无法判定是否港口发展导致海洋生态系统的变化,其相关性不显著。环境空气质量方面,防城港域、钦州港域、北海港域绝大部分监测点位 TSP、PM_{10}、$PM_{2.5}$、SO_2、NO_2 等因子浓度均满足《环境空气质量标准》(GB 3095—2012)中二级标准要求,仅个别点位个别年份出现超标现象。区域环境空气质量良好。

《北部湾港总体规划环境影响跟踪评价报告》还分析了上版规划实施以来生态环保对策措施的有效性。研究表明:建设项目基本落实了环评及批复提出的环境保护措施,但在运营期间仍然产生了一些环境问题,建议加快现有干散货泊位防风网等防尘措施建设进度;在建、新建干散货泊位应严格落实"三同时"制度要求,确保防尘设施与主体工程实现同时设计、同时施工、同时投入生产和使用;重视港区污水处理;加强对吹填、疏浚等施工行为的管控,落实项目施工期生态环境保护措施,禁止未经批准占用红树林,加强施工期监测,一旦发现施工行为对施工区域外的红树林造成不利影响,应立即调查原因并补充完善相关保护措施等。

此外,《北部湾港总体规划环境影响跟踪评价报告》也提出原规划方案未实施部分还存在部分方案涉及环境敏感区问题,如榕木江岸线、潭油岸线、云约江岸线涉及红树林中的限制开发建设区和生态恢复区,预留观音堂岸线涉及红树林等,需要对规划方案进行调整和优化。

《北部湾港总体规划(2035年)》积极采纳了《北部湾港总体规划环境影响跟踪评价报告》提出的各项建议。

3.2.3 基于实际生产统计数据的港口岸线资源利用效率评估

1) 评估对象

港口发展现状的岸线利用情况。

2) 评估目的

引导港口岸线资源的集约节约高效利用。

3) 评估内容及相关指标

(1) 评估内容。收集港口码头泊位基础设施现状、近三年分货类吞吐量、主要泊位利用率、接靠主力船型等生产统计数据,梳理港口岸线资源利用现状,校核实际参数,依据规范方法核定码头泊位合理通过能力,分析分区域分货类港口岸线能力利用率(实际吞吐量/合理通过能力)及合理标准。

(2) 评估指标。分区域分货类码头岸线能力利用率(实际吞吐量/合理通过能力)。

4) 优化调整方向

对于码头岸线能力利用率较低的区域,在本轮规划中强化港口岸线资源充分利用。

5) 案例:辽宁省沿海港口岸线能力利用率评估

辽宁省沿海港口地处渤海北侧,扼东北地区咽喉,是东北亚地区重要的国际性综合交通枢纽。截至目前,辽宁省沿海已利用港口岸线约210.8 km,约占规划港口岸线的58.9%。由于不同的区位功能、自然条件、外部约束等,各港岸线开发强度差别显著。总体上看,大连港总体开发强度最高,营口港次之,两港已利用港口岸线之和占全省已利用港口岸线总长的75%以上。

辽宁省沿海港口分布和岸线开发强度如图3-3和图3-4所示。

基于实际生产统计数据,对辽宁省沿海分港口分货类的岸线能力利用率进行了初步评估。研究结果表明:营口港、锦州港集装箱泊位能力利用率偏高,能力总体偏紧张,大连港、丹东港相对富裕。锦州港煤炭装船泊位能力利用率偏低,能力富裕。大连港、营口港、丹东港10万吨级以上矿石泊位能力利用率相对较高,总体能力偏紧张。2021年,大连港、营口港、锦州港20万吨级以上原油泊位能力利用率适中,但结合营口港20万吨级以上原油泊位历年完成的吞吐量(设计年通过能力1 800万t,除2021年完成吞吐量1 196万t有所下降,2000年及以前几年完成吞吐量均在2 000万t上下),营口港20万吨级以上原油泊位能力总体偏紧张。粮食泊位、商品汽车滚装泊位、液化天然气泊位能力均富裕。

2021年辽宁省沿海港口专业化泊位能力利用率分析情况见表3-4。

图3-3　辽宁省沿海港口分布图

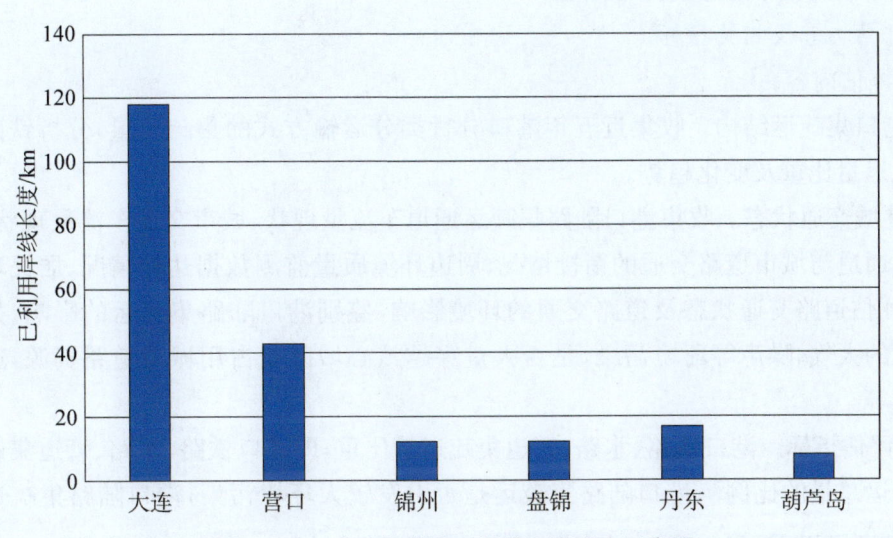

图3-4　辽宁省沿海港口岸线开发强度示意图

表 3-4　辽宁省沿海港口专业化泊位能力利用率分析(2021 年)

港口	集装箱泊位	煤炭泊位（装船）	10万吨级以上矿石泊位	20万吨级及以上原油泊位	粮食泊位	商品汽车滚装泊位	液化天然气泊位
大连港	0.60		1.13	0.47	0.63	0.76	0.42
营口港	1.10		1.02	0.66	0.21		
锦州港	1.15	0.12		0.42			
盘锦港					0.57		
葫芦岛港							
丹东港	0.67		0.85		0.30		

注：在省交通厅"全省港口码头单位一览表"设计年通过能力的基础上，对部分货类年通过能力数据进行了初步校核。

3.2.4　基于港口集疏运与城市交通相汇集的港城交通状态评估

1）评估对象

港口集疏运结构及港城交通状态。

2）评估目的

港口集疏运系统是与港口相互衔接、主要为集中与疏散港口吞吐货物服务的交通运输系统，由铁路、水路、公路、城市道路及相应的交接站场等组成，是港口与广大腹地相互联系的通道，为港口赖以生存与发展的主要外部条件。

目前我国港口集疏运体系结构不平衡，铁路、水路比例偏低，基于绿色发展理念的港口集疏运优化即尽可能提升铁路、水运、管道等集疏运量占比，减少公路等集疏运方式带来的环境污染和占用城市道路资源等问题。

3）评估内容及相关指标

(1) 评估内容。

① 港口集疏运结构。收集近五年港口分货类分运输方式的集疏运量，分析铁路、水路、管道集疏运量比重及变化趋势。

② 港城交通状态。收集港口陆路集疏运通道车流量现状、城市交通车流量现状、港口陆路集疏运通道与城市道路交通的衔接情况、周边环境质量监测数据达标情况、居民环境投诉情况等，评估道路交通状态及道路交通的环境影响，鉴别港口陆路集疏运的影响，如是否造成了较大的大气、噪声等环境污染，是否大量穿越核心城区或占用城市道路资源，造成城市道路拥堵等。

(2) 评估指标。港口铁路、水路、管道集疏运量比重，即港口铁路、水路、管道集疏运量占港口集疏运总量的比例[①]；港口陆路集疏运是否引发较大环境污染；港口陆路集疏运交通是

---

① 该指标已纳入《关于建设世界一流港口的指导意见》(2019 年 11 月)港口绿色发展评价指标体系。

否需要大量穿越核心城区或占用城市道路资源。

欧美发达国家十分重视港口集疏运结构的改进提升。一方面,结合港口腹地、码头货种等情况积极开展研究,探索建立有效的集疏运方式;另一方面,通过出台港口公约,增加水路、铁路集疏运量比重,向"多式联运"的交通网络体系趋势发展。相对而言,我国水路、铁路集疏运比例相对低,以集装箱海铁联运比例为例,国际上先进港口集装箱海铁联运比例在20%以上,美国为40%,我国仅为2.6%,沿海港口为2.85%。

国外典型港口公约出台前后集疏运结构变化如图3-5所示。

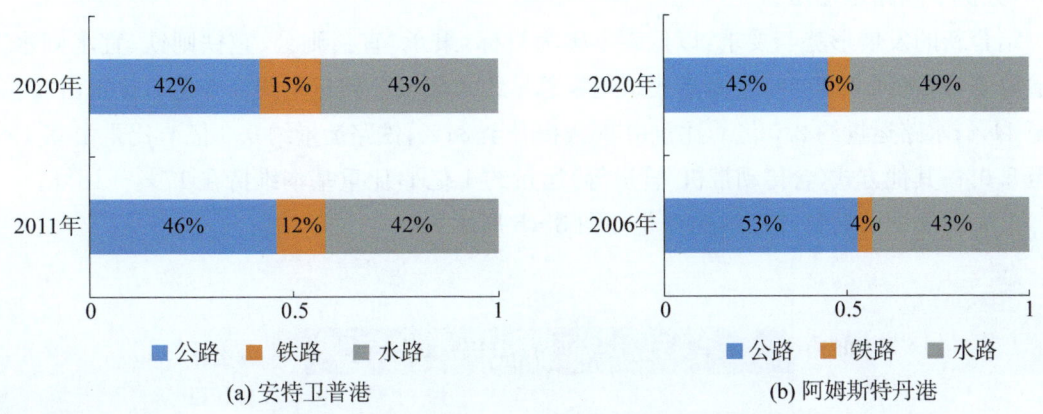

(a) 安特卫普港　　　　　　　　(b) 阿姆斯特丹港

图3-5　国外典型港口公约出台前后集疏运结构变化

港口集疏运方式与集疏运基础设施条件、港口腹地范围、集疏运方式的适应性等相关。以纽约港、鹿特丹港、安特卫普港为例,纽约港水路集疏运占比较低,鹿特丹港、安特卫普港水路集疏运占比相对较高,这与鹿特丹港、安特卫普港背靠水路发达的莱茵河航道网,而纽约港虽处于哈德孙河口,但哈德孙河相对独立相关。另外,各种集疏运方式的经济运距不同决定了不同腹地类型的港口在集疏运方式的选择上存在差异。比较水路集疏运基础设施条件同样发达的安特卫普港和鹿特丹港的集疏运结果可以看到,鹿特丹港适合中长距离运输的铁路和水路集疏运比重较大,因为鹿特丹港逾80%的货物在荷兰以外的国家生成或被运往这些地区,而安特卫普港逾80%以上的货物在距该港250 km范围以内生成或被运往这些地区。不同货类对各种集疏运方式的适应性也不同。例如,管道一般运输石油、天然气及固体浆料等;集装箱一般离不开公路运输,包括公路直接运输、公铁联运、公水联运等;大件货物运输一般不采用单次运输能力较差的公路运输等。因此,在具体规划中,还应结合港口实际情况及未来发展趋势,对标同类型先进港口,优化港口集疏运结构。

4) 优化调整方向

港口集疏运方案注重运输结构优化调整,促进公转铁、公转水,协调港口与城市交通组织,推动港城分流、人货分流,减少港口集疏运所带来的污染问题和港城交通矛盾问题。

5) 案例

(1) 上海港。

目前,上海港基本形成了以公路、水路集疏运为主,以铁路、管道为辅的集疏运体系。2020年集疏运量5.21亿t:公路集疏运量2.86亿t,占比54.8%;水路集疏运量1.38亿t,占比26.6%;铁路集疏运量0.0245亿t,占比0.47%;其他方式(含管道、传动带机等)集疏运量0.95亿t,占比18.2%。外高桥港区是上海港集疏运量最大的港区,集疏运量达到1.72亿t,其次为洋山港区和黄浦江港区,集疏运量分别1.36亿t和1.14亿t。从具体集疏运方式来看,外高桥港区公路集疏运压力较大,仅集装箱公路集疏运量就达到了1000万TEU以上,约占全港的50%。而黄浦江港区和洋山港区水路集疏运量占有较大比重,分别为40%和60%,分担了陆路运输压力。

结合新的发展形势与要求,以低碳零碳为目标,秉承"宜公则公、宜铁则铁、宜水则水"的运输原则,预测到2035年,上海港集疏运量总量约6亿t:公路运量约2.6亿t,比重由55%下降至44%;水路运量约2.0亿t,比重由26%提升至34%;铁路运量约0.3亿t,比重由0.4%提升至5.0%;其他方式(含传动带机/管道等)运量约1亿t,比重基本维持在17%~18%。

上海港规划前后集疏运结构变化如图3-6所示。

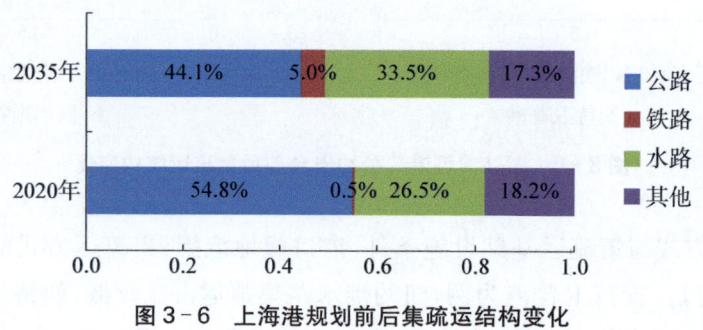

图3-6 上海港规划前后集疏运结构变化

(2)大连港。

目前,大连港基本形成了以公路集疏运为主,以管道、传动带机、铁路、水运等集疏运方式为辅的格局。2019年集疏运量3.34亿t:公路占比64.9%,主要承担直接腹地煤炭、钢材、矿建、集装箱、机械设备、滚装等货物集疏运,占比保持相对稳定态势;铁路占比10.5%,主要服务东北腹地的石油制品、粮食、矿石、煤炭等货物集疏运,近几年受周边港口对东北货物分流影响,铁路集疏运量规模波动较为明显,占比呈下降态势;水运占比9.7%,主要承担原油、矿石、钢材、集装箱等货类的水水中转集疏运,近几年受周边港口的分流影响,水水中转规模呈下降态势;管道、传动带机占比15.0%,主要为临港石化、发电、粮油加工等企业提供集疏运服务。

综合分析,随着中欧班列的开通运行,以及铁路运输组织效率的提升,铁路集疏运比例将保持稳步增长趋势;公路集疏运伴随集装箱运输需求的增长呈继续增长态势,但受运输结构调整等政策影响,部分不合理散杂货长距离公路运输将减少;随着长兴岛炼化一体化、中俄油气管道等项目的投产,管道集疏运比例将稳步增长。预测2025年大连港的集疏运量为3.95亿t,其中水运、公路、铁路和其他方式运量分别为0.55亿t、2.01亿t、0.54亿t和0.85

亿 t,分别占集疏运总量的 13.9%、50.9%、13.6% 和 21.5%。预测 2035 年大连港的集疏运量为 4.93 亿 t,其中水运、公路、铁路和其他方式运量分别为 0.57 亿 t、2.46 亿 t、0.78 亿 t 和 1.12 亿 t,分别占集疏运总量的 11.6%、49.9%、15.9% 和 22.7%。

大连港规划前后集疏运结构变化如图 3-7 所示。

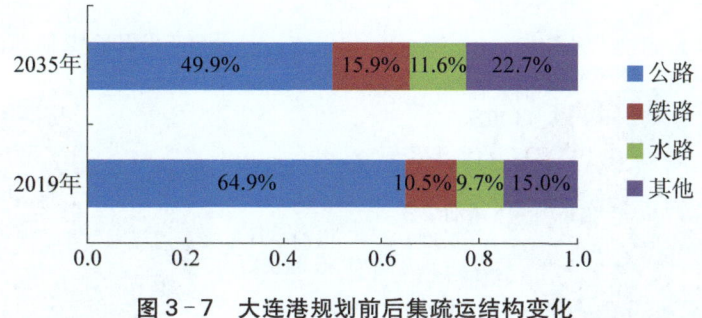

图 3-7 大连港规划前后集疏运结构变化

(3) 深圳港。

深圳港是全球集装箱运量排名前十的港口之一。2021 年,深圳港集装箱吞吐量 2 877 万 TEU,在全球集装箱港口排名第四。公路是深圳港集装箱集疏运的主要交通方式,且必须横穿主城区到港或目的地,大量集装箱卡车需要在公路行驶、中途停靠等。这种公路承担主体运输的组织结构客观上造成了城市交通拥堵严重、车辆尾气环境污染等一系列问题。

① 城市交通拥堵严重。大量集装箱卡车穿城行驶,导致城市道路系统拥堵严重,特别是西部月亮湾大道、东部盐排高速(图 3-8)。

图 3-8 集装箱卡车占用城市道路

盐田港区运营集装箱卡车约 13 000 辆,而停车场只能容纳 5 000 辆,8 000 辆集装箱卡车只能场外停车,集装箱卡车占道停车现象普遍,占用道路资源,导致盐田一些主干路经常拥堵。

超过 70% 的集装箱卡车选择不收费公路,导致长途过境交通与短途通勤交通相互交织、货车与客车混行严重,南坪、梅关快速路等高峰期拥堵现象十分严重。

② 车辆尾气污染严重。集装箱卡车 CO 排放量为国五汽车的 10～38 倍，NO_x 为 307～1780 倍，PM 为 5000 倍以上。估算全市重型柴油车占机动车保有量约 2.4%，NO_x 和 $PM_{2.5}$ 排放量占机动车总排放量的 50% 以上，占深圳市总排放量的 31% 和 15%。

集装箱卡车引起的车辆尾气排放如图 3-9 所示。

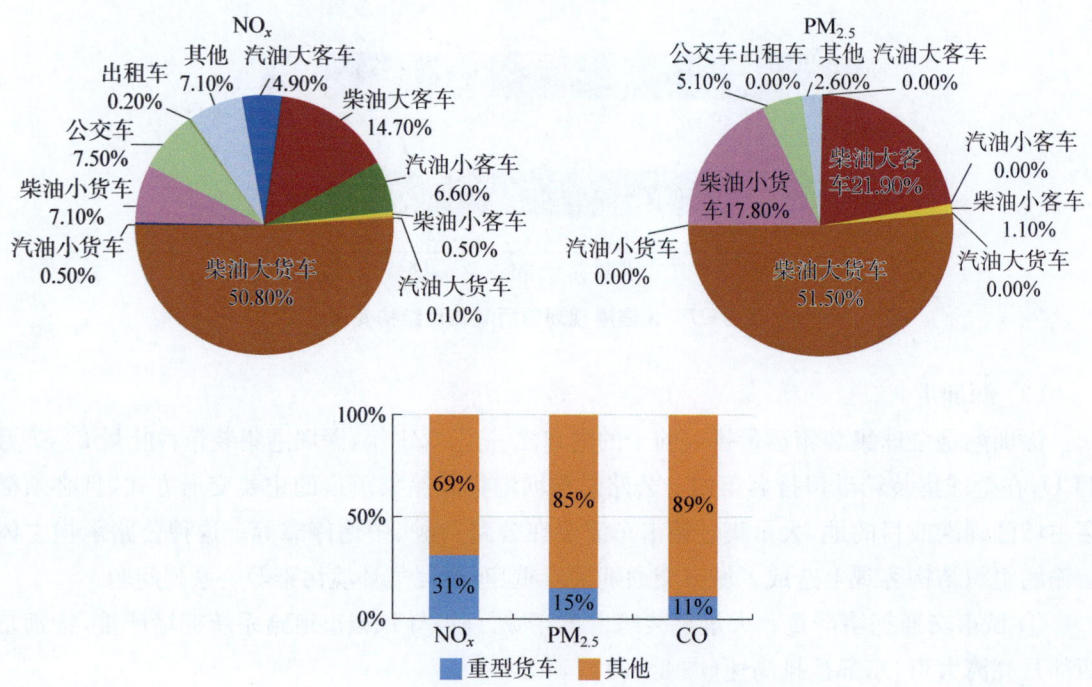

图 3-9　集装箱卡车引起的车辆尾气排放

第 4 章

基于绿色发展理念的港口岸线利用及功能布局导向研究

4.1 基于人与自然相协调的港口岸线利用规划导向研究

港口岸线作为一种特殊的国土资源,是相应的陆域和水域的自然结合体,是具有自然和人工双重属性的不可再生资源,有着稀缺性和战略性的特点。近年来,随着我国对外贸易迅速发展,优良的港口岸线资源逐渐减少,加之港口岸线资源开发可能对生态环境造成一定的负面影响,如水、大气等污染,一定水域的侵蚀或冲积,土地占用影响动植物的生存、滨水城市的形象等,具有一定的生态不可逆性。因此,合理规划利用港口岸线对促进区域经济、社会可持续发展具有重要意义。

目前港口总体规划中港口岸线利用规划侧重于依据建港条件、运输需求、交通条件等因素,在港口岸线选址之初,从生态、人居环境、渔船影响等角度,开展岸线生态敏感性、港口区域人居环境水平以及岸线开发对渔船航行与作业的影响分析,可为港口岸线利用规划提供参考,也避免了过度靠后期环保措施去弥补的问题。

4.1.1 基于岸线生态敏感性的港口岸线利用规划导向

4.1.1.1 研究方法

生态敏感性是指生态系统对内外因素引起的环境变化的反应。根据自然特征,岸线生态敏感性的主要影响因素为高程、归一化植被指数(NDVI,指示植物生长状态以及植被空间分布密度)、距环境敏感区的距离以及水体污染扩散。其中高程作为地形因子主要影响港口工程建设的投入、施工难度及工程建设后的安全保障程度。归一化植被指数反映了岸线所在区域的生态状态。岸线开发会对邻近环境敏感区造成一定影响,将岸线与邻近环境敏感区的距离作为影响因子之一。岸线开发后,若发生溢油等船舶污染事故,在潮流等的作用下泄漏的油品等会对周边的环境敏感区造成一定影响。因此,将水体污染扩散敏感性作为影响因子之一,越临近环境敏感区且环境敏感区位于主流向的岸线,水体污染扩散敏感性就越高。

从岸线生态环境对人类活动的敏感性角度，将生态敏感性因子划分为 4 级，即高生态敏感性、较高生态敏感性、较低生态敏感性和低生态敏感性，分别赋值 4、3、2、1。运用 GIS 空间分析技术对各因子进行图层叠加，通过计算排序变量的乘积除以变量总数的平方根来叠加分析岸线生态敏感性，公式如下：

$$ESI = \sqrt{\frac{elevation \cdot NDVI \cdot distance \cdot pollute}{4}}$$

式中　ESI——生态敏感性指数；
　　elevation——岸线高程敏感性等级；
　　NDVI——归一化植被指数等级；
　　distance——岸线距环境敏感区距离等级；
　　pollute——水体污染扩散敏感性等级。

具体分析步骤如下：

（1）收集研究区域地形数据、遥感数据、环境敏感区数据以及岸线分布等数据，建立岸线 GIS 数据库。

（2）高程计算。基于数字高程数据资料，以不同港口区域作为基础分析单元，确定为低生态敏感性、较低生态敏感性、较高生态敏感性、高生态敏感性 4 个等级。

（3）NDVI 计算。基于研究区域遥感影像数据资料，使用 ENVI 5.3 软件计算 NDVI 数值，以不同港口区域作为基础分析单元，确定为低生态敏感性、较低生态敏感性、较高生态敏感性、高生态敏感性 4 个等级。

（4）与环境敏感区的距离计算。分别按照岸线距不同重要程度的环境敏感区的最短距离，以不同港口区域作为基础分析单元，确定为低生态敏感性、较低生态敏感性、较高生态敏感性、高生态敏感性 4 个等级，具体分类可参考表 4-1。

表 4-1　生态环境敏感性因子确定方法

生态敏感区	生态敏感性等级			
	高敏感性	较高敏感性	较低敏感性	低敏感性
生态保护红线、自然保护区、海洋特别保护区	红线、保护区范围内	红线、保护区外 2 km 范围内	红线、保护区外 2～5 km 范围内	红线、保护区 5 km 范围外
水产种质资源保护区、重点渔业资源保护区、风景名胜、湿地等	水产种质资源保护核心区、重点渔业资源保护区、风景名胜、湿地范围内	重点渔业资源保护区、风景名胜区、湿地外 2 km 范围内或水产种质资源保护试验区范围内	重点渔业资源保护区、风景名胜区、湿地 2 km 范围外、水产种质资源保护试验区范围外

（5）水体污染扩散敏感性分析。考虑潮流场对水环境污染物的扩散输移作用，将岸线与

邻近环境敏感区的距离,以及环境敏感区是否位于潮流场主流向作为分析指标,反映水体污染扩散敏感性。先提取水域潮流场主流向,再结合区域环境敏感区位置,以不同港口区域作为基础分析单元,采用 TOPSIS 法计算各区域岸线的水体污染扩散敏感性分析值,将分析值划分为低生态敏感性、较低生态敏感性、较高生态敏感性以及高生态敏感性 4 个等级。

(6) 采用生态敏感性指数计算公式对各因素进行复合叠加,通过 GIS 的空间分析模块进行栅格数据的叠加运算,与建立的自然岸线缓冲区进行空间连接,确定为高生态敏感性、较高生态敏感性、较低生态敏感性和低生态敏感性 4 个等级。

(7) 基于岸线生态敏感性,提出港口岸线利用规划建议。

具体技术路线如图 4-1 所示。

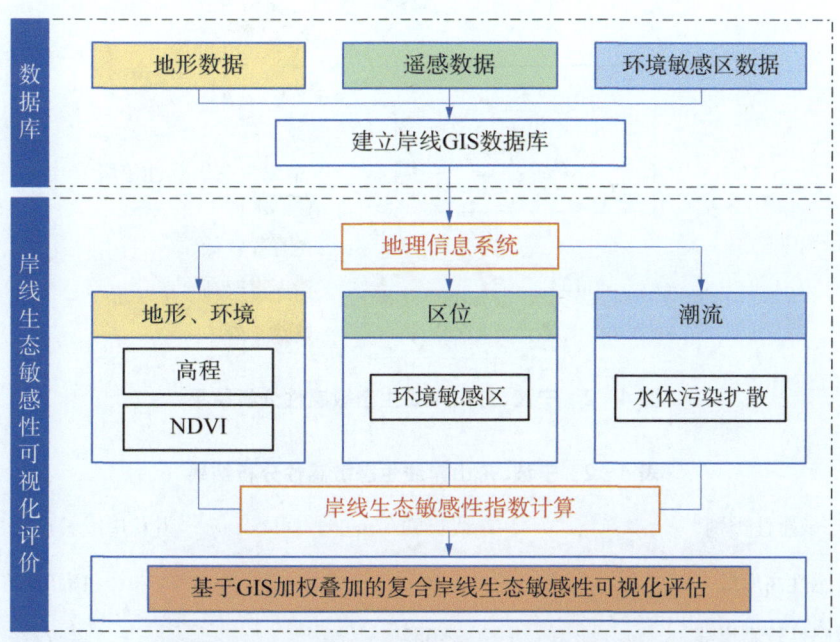

图 4-1 岸线生态敏感性分析技术路线图

4.1.1.2 案例:宁波舟山港总体规划修订

在《宁波舟山港总体规划修订》编制之初,采用上述方法,对宁波舟山港所在区域的岸线生态敏感性进行了分析。

首先,收集了研究区域环境保护区、生态保护红线、地形、遥感等数据。其次,在此基础上,分别对高程、NDVI、与环境敏感区的距离、水体污染扩散敏感性进行了计算。最后,采用生态敏感性计算公式计算出各段岸线生态敏感性指数,分析结果如图 4-2 和表 4-2 所示。

研究结果表明,研究区域内生态敏感性低及较低岸线长度占总岸线长度的 72.2%,生态敏感性高及较高岸线长度占总岸线长度的 27.8%。从分布上来看,宁波、舟山生态敏感性高岸线分布比较散落,大多集中在各类保护区;生态敏感性低岸线则集中在宁波与舟山之间开

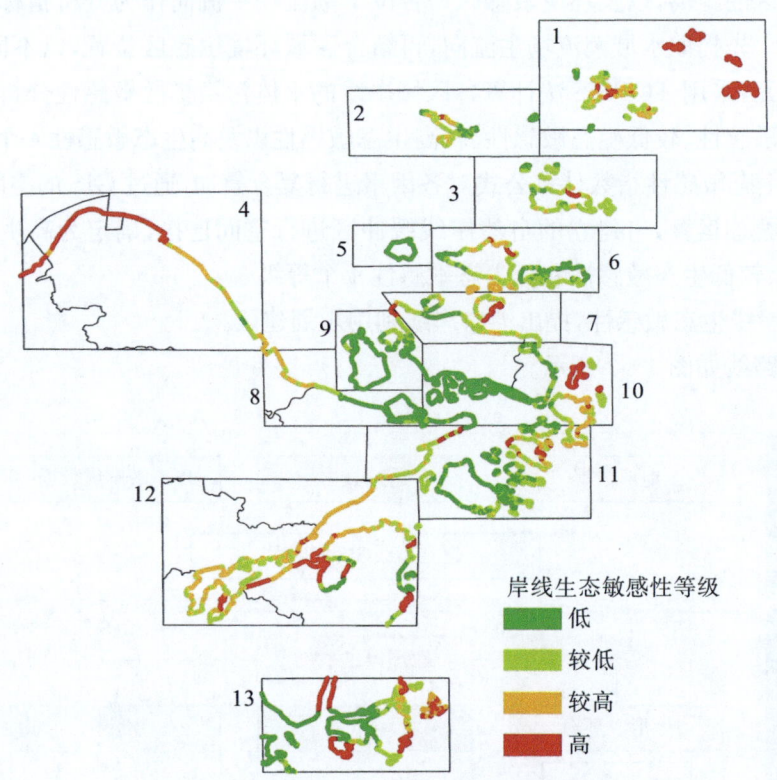

图 4-2 宁波、舟山岸线生态敏感性分析结果

表 4-2 宁波、舟山岸线生态敏感性分析结果

生态敏感性类别	岸线长度/km	占总岸线长度比重/%
生态敏感性高岸线	930	13.02
生态敏感性较高岸线	1 055	14.77
生态敏感性较低岸线	2 469	34.57
生态敏感性低岸线	2 687	37.63
总计	7 141	100

发较完善的岸线以及部分岛屿岸线。宁波市东南部区域以及舟山市中部、南部区域岸线生态敏感性低，而宁波市北部、中南部区域以及舟山市东部区域岸线生态敏感性高。

结合岸线生态敏感性分布，建议在开展新一轮的港口总体规划修订时，规划港口岸线尽可能布局在低生态敏感性和较低生态敏感性岸线。在高敏感性和较高敏感性岸线规划港口岸线时，应尽可能控制港口开发规模，并以非污染型货类为主，且采取必要的限制污染物排放、设置生态景观及屏障、强化环境风险防范等措施。

4.1.2 基于港口区域人居环境水平的港口岸线利用规划导向

4.1.2.1 研究方法

港口区域人居环境分析主要表征港口环境系统对人类生产生活、身心健康的保障能力。基于已有关于城市人居环境分析的研究成果,根据组成港口区域人居环境的自然、经济、人文要素及相互间的协调性,提出面向岸线利用的港口区域人居环境水平评价的分级指标体系,包括空气质量、人口暴露量、与人口集聚区的距离、与风景名胜区的距离,即

$$港口区域人居环境水平 = f(空气质量,人口暴露量,与人口集聚区的距离,\\与风景名胜区的距离)$$

式中 港口区域人居环境水平——港口周边区域对人类居住环境的保障程度,通过环境指标和生态指标综合反映;

空气质量——各分析单元 PM_{10}、$PM_{2.5}$ 年均浓度结果;

人口暴露量——各分析单元空气污染物人口暴露量分析结果;

与人口集聚区的距离——各分析单元与邻近人口集聚区的最短距离;

与风景名胜区的距离——各分析单元与邻近风景名胜区的最短距离。

基于上述指标,综合运用 CRITIC 权重法与加权叠加法分析港口区域人居环境水平。基于港口区域人居环境水平,提出港口岸线利用规划的建议。

具体用到的方法如下:

1) 空气质量评价方法

通过大数据与空间插值分析方法,获取不同港口区域空气质量状况。首先,基于国家气象信息中心数据,采集研究区域长时间序列(不少于 5 年)的不同空气质量站点 $PM_{2.5}$ 与 PM_{10} 年均浓度。其次,结合地形、气象数据,通过空间插值分析方法,获取研究区域空气质量状况空间分布。最后,将空气质量结果与《环境空气质量标准》(GB 3095—2012)规定的一级与二级浓度限值条件进行比较分析,并将空气质量分析结果划分为空气质量高、较高、较低、低 4 个等级(表 4-3)。需要注意的是,空气质量结果选取过去 5 年空气质量分析结果的平均值,以减少气象条件年际差异导致的空气质量结果的不确定性。

表 4-3 空气质量分级

等级	$PM_{2.5}$ 浓度/$(\mu g \cdot m^{-3})$	PM_{10} 浓度/$(\mu g \cdot m^{-3})$
高	≤15	<40
较高	15~35	40~50
较低	35~75	50~150
低	>75	>150

2) 人口暴露量分析方法

参考自然灾害风险评估的相关理论,综合考虑危险源和暴露受体,从 $PM_{2.5}$ 与 PM_{10} 的

污染物浓度、暴露于污染物中的人口与不同人群的呼吸量三个方面出发,构建"污染物浓度-暴露人口-呼吸量"的人口暴露量评估模型,进而揭示港口区域 $PM_{2.5}$ 与 PM_{10} 人口暴露的空间差异。

$PM_{2.5}$ 与 PM_{10} 人口暴露量评估的计算公式如下:

$$\text{exposure} = \frac{\text{concentration}_j \times \text{pop}_j \times \text{IR}}{\text{area}_j}$$

式中　exposure——空气污染 $PM_{2.5}$ 与 PM_{10} 的暴露量;
　　concentration$_j$——人口聚居区 j 的空气污染物 $PM_{2.5}$ 与 PM_{10} 的浓度;
　　pop$_j$——人口聚居区 j 的人口数量;
　　IR——不同性别、不同年龄段人群的长期日均呼吸量;
　　area$_j$——人口聚居区 j 的陆域面积。

计算结果分为高、较高、较低、低 4 个等级,见表 4-4。

表 4-4　人口暴露量分级

等级	$PM_{2.5}$ 人口暴露量/(μg·人·m^{-2})	PM_{10} 人口暴露量/(μg·人·m^{-2})
高	≤0.2	≤0.3
较高	0.2~0.4	0.3~0.6
较低	0.4~0.6	0.6~0.9
低	>0.6	>0.9

3) CRITIC 权重法

CRITIC 权重法是一种比熵权法和标准离差法更好的客观赋权法。它基于分析指标的对比强度和指标之间的冲突性来综合衡量指标的客观权重,考虑指标变异性大小的同时兼顾指标之间的相关性,并非数字越大就说明越重要,完全利用数据自身的客观属性进行科学分析。

假设共有 m 个样本、n 个指标,x_{ij} 表示第 i 个样本的第 j 个指标的取值,分析矩阵可表示为

$$X = \begin{pmatrix} x_{11} & \cdots & x_{1n} \\ \vdots & \ddots & \vdots \\ x_{m1} & \cdots & x_{mn} \end{pmatrix}$$

第一步是指标归一化处理:
对越大越优的指标有

$$y_{ij} = \frac{x_{ij} - \min(x_j)}{\max(x_j) - \min(x_j)}$$

对越小越优的指标有

$$y_{ij} = \frac{\max(x_j) - x_{ij}}{\max(x_j) - \min(x_j)}$$

其中，y_{ij} 为 x_{ij} 指标的归一化形式，由此得到标准化矩阵 Y。

第二步是计算均值 $\overline{x}_j$ 和标准差 S_j：

$$\overline{x}_j = \frac{1}{m} \sum_{i=1}^{m} x_{ij}$$

$$S_j = \sqrt{\frac{\sum_{i=1}^{m}(x_{ij} - \overline{x}_j)^2}{m}}$$

第三步是计算变异系数 v_j：

$$v_j = \frac{S_j}{\overline{x}_j}$$

第四步是计算相关系数矩阵 ρ_{ij}：

$$\rho_{ij} = \frac{\text{cov}(y_k, y_l)}{S_k \times S_j}, \ k=1, 2, \cdots, n, \ l=1, 2, \cdots, n$$

式中 ρ_{ij} ——第 i 个样本的第 j 个指标之间的相关系数；
$\text{cov}(y_k, y_l)$ ——第 k 个指标和第 l 个指标之间的协方差。

第五步是计算指标所含信息量：

$$\eta_j = v_j \sum_{k=1}^{n}(1 - \rho_{ij}), \ j=1, 2, \cdots, n$$

第六步是确定客观权重：

$$\beta_{ij} = \frac{\eta_j}{\sum_{j=1}^{n} \eta_j}$$

具体分析步骤如下：

(1) 收集研究区域相关数据，包括空气质量监测站点长时间序列（不少于 5 年）的空气质量监测数据、历史（不少于 5 年）人口分布数据、风景名胜区分布数据、气象数据、地形数据。

(2) 划分分析单元。采用 ArcGIS 中的分割工具将研究区域划分为若干个研究单元；将岸线以适宜间距进行等距分割，形成多个分析单元。

(3) 空气污染物浓度计算。基于空气质量站点长时间序列监测资料，获取各空气质量站点 PM_{10}、$PM_{2.5}$ 年均浓度。结合气象、地形数据，采用 ArcGIS 空间插值分析法，获得 PM_{10}、$PM_{2.5}$ 年均浓度空间分布。将分析结果与《环境空气质量标准》(GB 3095—2012)规定的一级与二级浓度限值条件进行比较分析，将 PM_{10}、$PM_{2.5}$ 年均浓度结果划分为空气质量高、较高、较低、低 4 个等级。

（4）人口暴露量分析。基于研究区域历史人口分布数据，结合国土空间规划，利用灰色 GM(1,1)预测模型，对研究区域未来人口分布进行预测。构建"污染物浓度-暴露人口-呼吸量"的人口暴露量评估模型，分析港口区域空气污染物人口暴露量的空间差异。

（5）与人口集聚区的距离分析。采用 ArcGIS 中的近邻分析工具，计算各分析单元与人口集聚区的最短距离，并结合不同区域对于港口规划与城市发展的重要性，划分为近、较近、较远、远 4 个等级。

（6）与风景名胜区的距离分析。采用 ArcGIS 中的近邻分析工具，计算各分析单元与风景名胜区的最短距离，将计算结果划分为近、较近、较远、远 4 个等级。

（7）面向岸线利用的港口区域人居环境水平综合分析。基于 CRITIC 权重法，确定各分析单元空气污染物浓度、人口暴露量、与人口集聚区的距离、与风景名胜区的距离四项指标的权重。采用 ArcGIS 加权叠加分析法，对各分析单元人居环境水平进行分析。将计算结果划分为高、较高、一般、相对低 4 个等级。

（8）基于港口区域人居环境水平分析结果，提出港口岸线利用规划的建议。

港口区域人居环境分析技术路线如图 4-3 所示。

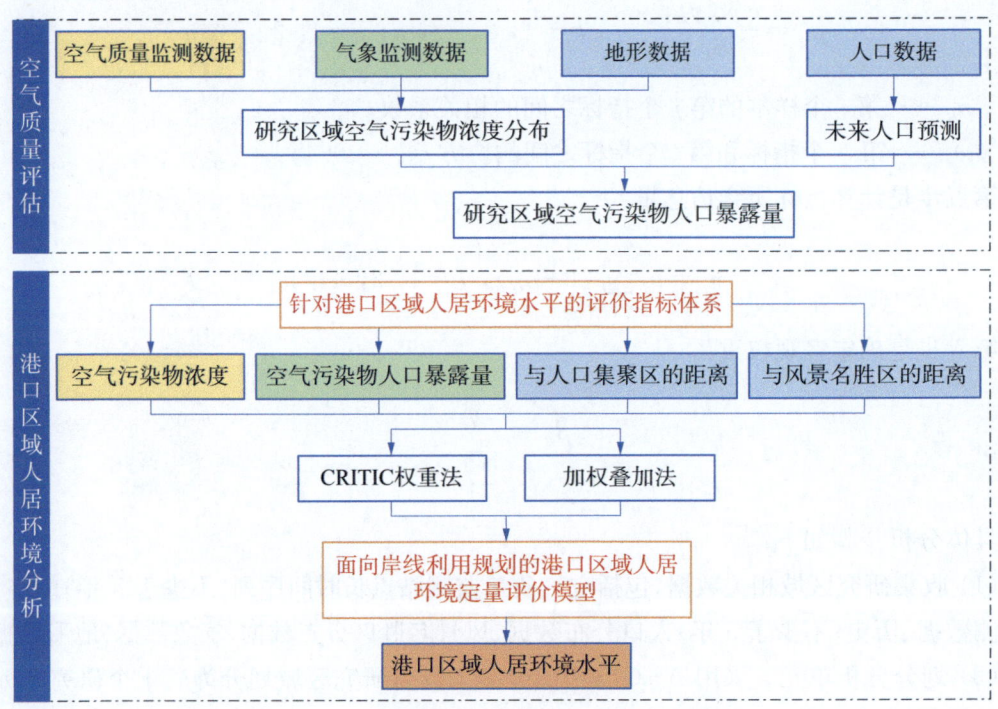

图 4-3　港口区域人居环境分析技术路线图

4.1.2.2　案例：宁波舟山港总体规划修订

在《宁波舟山港总体规划修订》编制之初，采用上述方法，对宁波舟山港所在区域的人居环境水平进行了分析。

分别对空气质量、人口暴露量、与人口集聚区的距离、与风景名胜区的距离进行单要素评价,并绘制上述4种要素的分级评价图。

1) 空气质量评价

通过采集 2016—2021 年宁波市与舟山市各空气质量站点的年平均 PM_{10} 与 $PM_{2.5}$ 浓度,并结合空间插值分析的方法,得到不同区域空气质量状况,分布状况如图 4-4 所示。归因于宁波市与舟山市政府一直将深化空气污染治理工作作为全力提升居民生活质量的重要抓手,且区域、海陆气流循环系统良好、森林覆盖率高、城市绿地率高,港口岸线区域整体空气质量较好,无 PM_{10} 与 $PM_{2.5}$ 浓度严重超标区域。但是相较于其他区域,宁波市北仑区、镇海区与慈溪市空气质量要弱于其他区域。一方面是因为宁波北部沿海港区已经成为能接卸化工、煤炭、铁矿石、原油、集装箱等 17 类近百个品种的国际枢纽综合现代化深水大港,而这也注定了其港口物流、船舶运输、临港企业均较为发达,导致空气污染加剧;另一方面,宁波市的海陆风气候特征也是决定区域空气质量的重要因素。

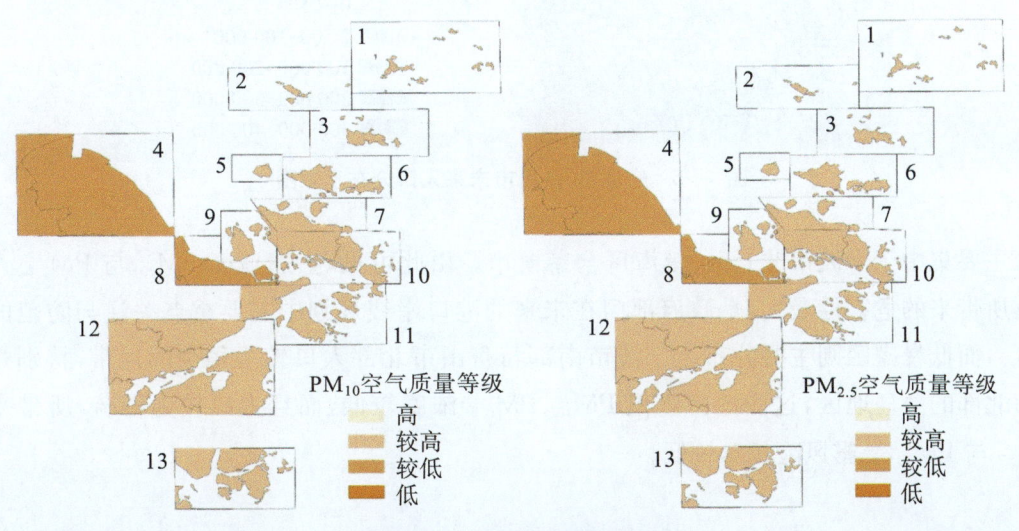

图 4-4　空气质量分级图

2) 人口暴露量分析

采用 GM(1,1)预测模型软件,输入宁波市、舟山市 2010—2020 年人口数据,构建宁波市、舟山市人口预测模型。由于 2010—2020 年宁波市、舟山市人口整体自然增长率一直相对稳定,预测结构主要呈现稳步上升的情况。根据模型预测结果,结合宁波市、舟山市国土空间规划中不同区位的功能定位,预测 2030 年宁波市、舟山市人口分布情况如图 4-5 所示。

在空气质量分析的基础上,结合《舟山市 2020 年第七次全国人口普查主要数据公报》《宁波市第七次全国人口普查主要数据公报》对宁波市、舟山市性别、年龄段人口分布特征的统计结果,以及环境保护部发布的《中国人群暴露参数手册》中的中国人群长期呼吸量,进一步分析了不同地点与区域的人口暴露量情况。人口暴露量分布特征如图 4-6 所示。由图可知,人口暴露量呈现出由宁波市北仑区、镇海区与慈溪市向周边逐渐减弱的整体态势,高暴

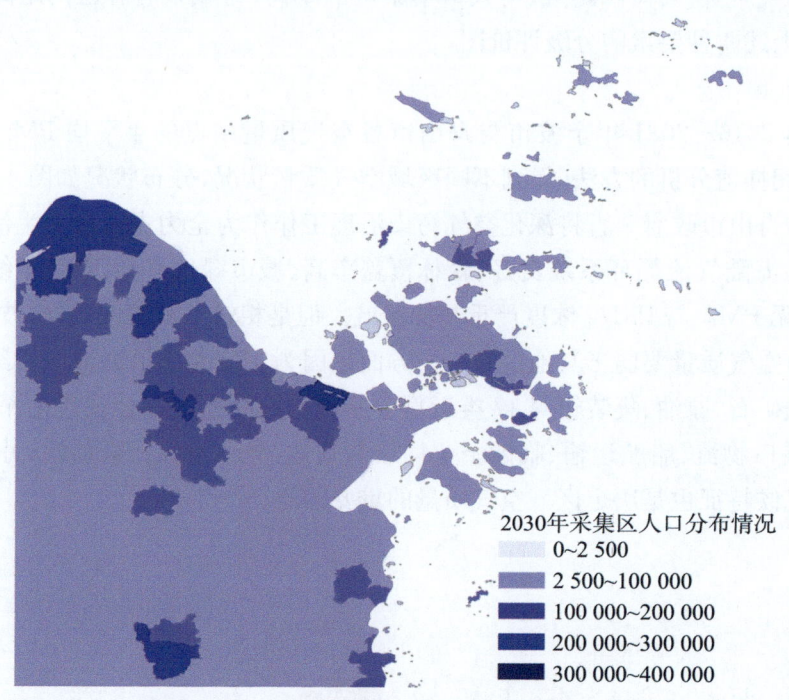

图4-5 宁波市、舟山市未来人口分布示意图

露区主要集中于宁波市北仑区、镇海区与慈溪市。由此可见,上述地区 PM_{10} 与 $PM_{2.5}$ 人口暴露所带来的危害性最大,是政府部门在未来的港口岸线规划中需要重点关注与防范的核心区。而低暴露区则主要分布于宁波市南部与舟山市北部人口较为稀少的地带,特别是舟山市北部的海岛地区,这些地区不但 PM_{10}、$PM_{2.5}$ 浓度较低,而且人口较为稀疏,所带来的 $PM_{2.5}$ 与 PM_{10} 暴露风险相对较低。

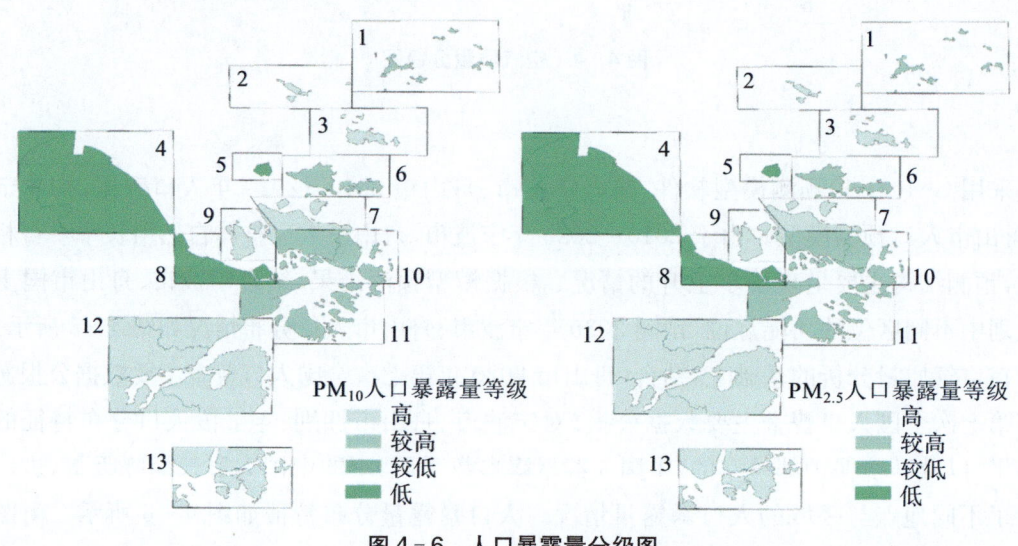

图4-6 人口暴露量分级图

3) 与人口集聚区的距离分析

以 1 000 m 岸线作为基本分析单元,统计了其与最近人口集聚区的距离。从图 4-7 可以看到,由于宁波市与舟山市的经济结构与人们的生活习惯决定了居民普遍"靠海而生,依海而居",这使得多数岸线距离人口集聚区较近。因此,政府在对岸线进行规划或对港口产业布局进行调整时,需注意对附近居民可能带来的影响,如大气污染物的排放,货物运输产生的拥堵、噪声等。

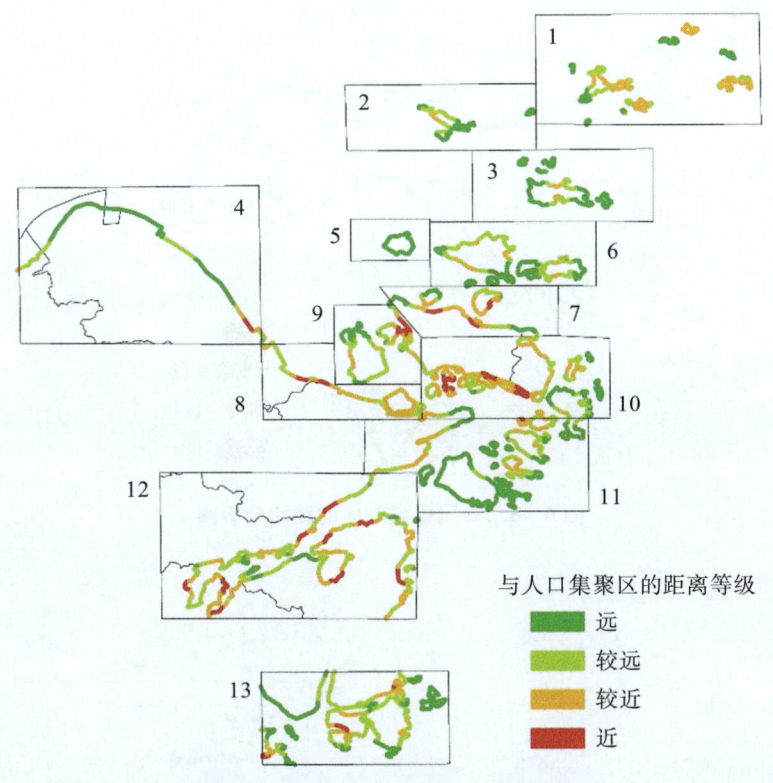

图 4-7 与人口集聚区的距离分级图

4) 与风景名胜区的距离分析

以 1 000 m 岸线作为基本分析单元,统计了其与最近风景名胜区的距离。从图 4-8 可以看到,除舟山市北部某些海岛外,多数岸线距离风景名胜区较远,岸线规划对风景名胜区带来负面影响的可能性较小。

5) 面向岸线利用的港口区域人居环境水平综合分析

基于 CRITIC 权重法,确定各分析单元空气污染物浓度、人口暴露量、与人口集聚区的距离、与风景名胜区的距离 4 项指标权重。采用 ArcGIS 加权叠加分析法,对各分析单元人居环境水平进行综合分析,按照小于 2.5、2.5～5、5～7.5、大于 7.5 的阈值对港口区域人居环境水平进行划分,确定为高、较高、一般、相对低 4 个等级,得到港口区域人居环境水平空间分布如图 4-9 和表 4-5 所示。由此可以看到,宁波市与舟山市多数岸线适宜开发,进行适当的岸线规划并不会对港口区域人居环境产生显著影响。但宁波市北仑区、镇海区与慈溪市

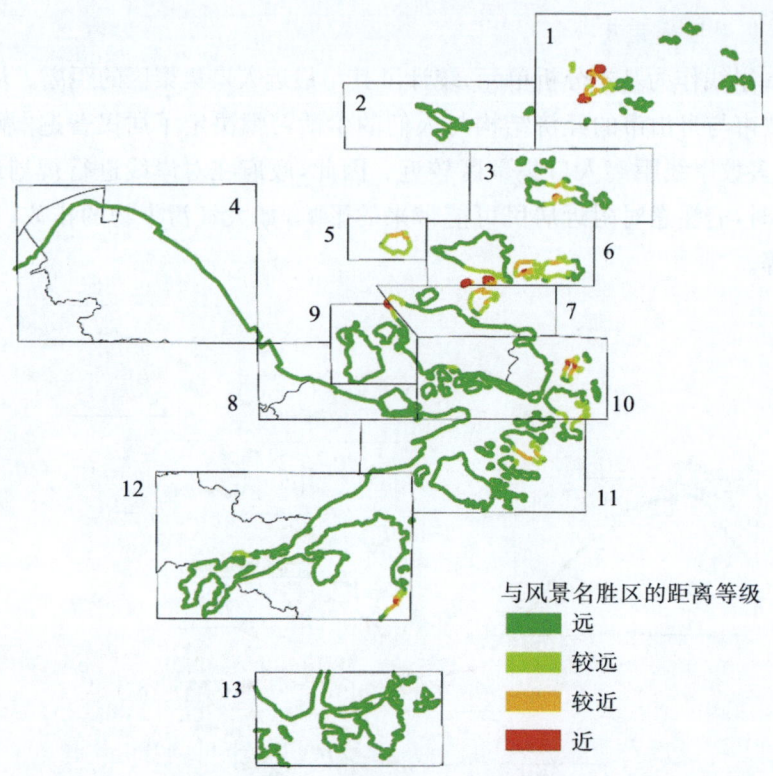

图4-8 与风景名胜区的距离分级图

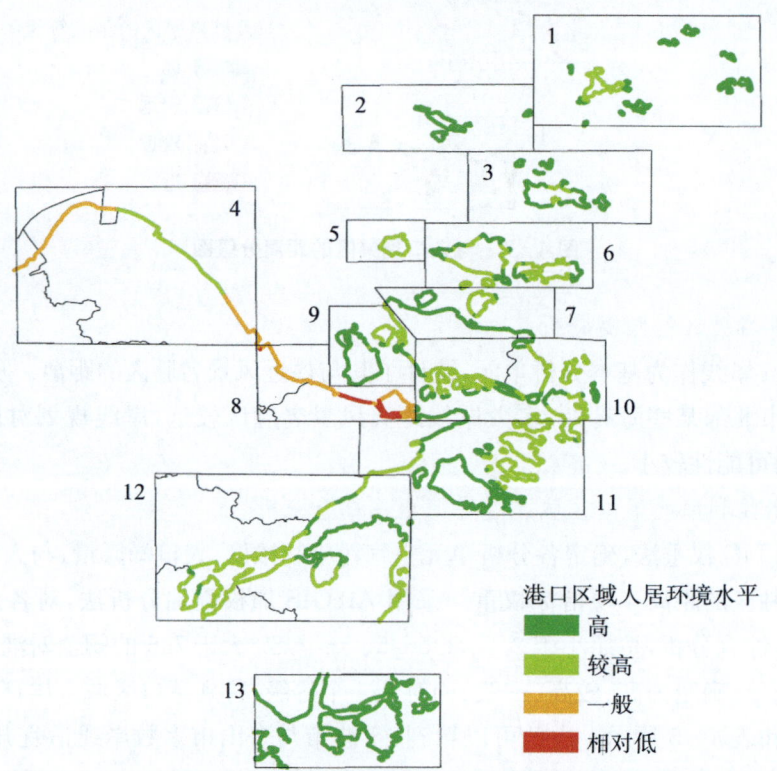

图4-9 港口区域人居环境水平空间分布图

的部分岸线所处区域人居环境水平相对低,在上述区域规划港口岸线时,需要加强空气污染物排放的管控,限制到港船舶、运输车辆与航运企业在港口区域内排放空气污染物,最大限度地降低对港口附近人口集聚区的影响。

表 4-5 港口区域人居环境水平评价结果汇总

区域	人居环境水平							
	高		较高		一般		相对低	
	长度/km	比重/%	长度/km	比重/%	长度/km	比重/%	长度/km	比重/%
1	420	77.2	124	22.8	0	0.0	0	0.0
2	371	100.0	0	0.0	0	0.0	0	0.0
3	354	84.1	67	15.9	0	0.0	0	0.0
4	0	0.0	62	43.4	81	56.6	0	0.0
5	0	0.0	42	100.0	0	0.0	0	0.0
6	271	42.6	365	57.4	0	0.0	0	0.0
7	200	61.5	125	38.5	0	0.0	0	0.0
8	0	0.0	0	0.0	179	76.2	56	23.8
9	295	67.5	142	32.5	0	0.0	0	0.0
10	342	30.9	764	69.1	0	0.0	0	0.0
11	442	48.7	465	51.3	0	0.0	0	0.0
12	258	25.2	767	74.8	0	0.0	0	0.0
13	949	100.0	0	0.0	0	0.0	0	0.0

4.1.3 基于渔船航行与作业影响的港口岸线利用规划导向

4.1.3.1 研究方法

对渔船航行与作业影响的评价主要分析区域港口岸线开发对邻近渔船航行及作业安全的影响,考虑港口作业与船舶航行等因素对渔船的干扰,通过区域内大型渔港数量、与大型渔港的距离、渔船作业集中区数量以及与渔船作业集中区的距离 4 个评价指标来进行反映,即

$$渔船航行与作业影响 = f(大型渔港数量,与大型渔港的距离,渔船作业集中区数量,$$
$$与渔船作业集中区的距离)$$

式中　　大型渔港数量——评价单元 10 km 范围内的大型渔港数量;

　　　　与大型渔港的距离——各评价单元与其邻近大型渔港之间的最短距离;

　　　　渔船作业集中区数量——评价单元 10 km 范围内的渔船作业集中区数量,其中渔船作业

集中区采用 DBSCAN 算法（基于密度的噪声应用空间聚类法）识别；

与渔船作业集中区的距离——各评价单元与其邻近渔船作业集中区之间的最短距离。

基于上述指标，采用 TOPSIS 法（优劣解距离法）计算渔船航行与作业影响分析值。基于分析结果，提出港口岸线利用规划的建议。

具体用到的方法如下：

1) DBSCAN 算法（基于密度的噪声应用空间聚类法）

DBSCAN 算法是一种经典的基于密度聚类的算法。DBSCAN 算法不需要确定需要的类簇的个数，只需要给定邻域半径 eps 和最小邻域点数 min_samples，就能将数据集中达到一定密度的区域分成若干个类簇，并从数据集中提取出不同形状的类簇。

DBSCAN 算法所涉及概念和参数的定义如下：

定义1：邻域。选择数据集 S 中任一数据对象 a，将数据对象 a 作为圆心，将 eps 作为其邻域半径，Neps 就是 a 对应的球状范围内所有的数据对象的集合。领域可表示为

$$\text{Neps}(a) = \{a \in D \mid d(a, b) \leqslant \text{eps}\}$$

式中 S——样本数据集；

$d(a, b)$——a、b 两点的距离。

定义2：核心对象。针对样本数据集 S 任一数据对象 a，若 a 满足以其为圆心的 eps 半径的范围内，所拥有的数据对象的数量大于等于 min_samples 的条件，那么样本对象 a 则为该数据的核心对象。

定义3：边界对象。在数据集 S 中，任一数据对象 a，若其本身不属于核心对象，但是它的位置在核心对象的半径为 eps 的范围内，那么由于其处于类簇边界而将其称为类簇的边界对象。一个边界对象还有可能同时在一个或多个核心对象的半径为 eps 的邻域范围内。

定义4：直接密度可达。在样本数据集 S 中，任意两个数据对象 a 和 b，若在数据对象 a 处于数据对象 b 为圆心的 eps 半径内，而且同时数据对象 b 的邻域半径有大于等于最小包含数 min_samples 个数据对象，那么 a 和 b 之间则为直接密度可达。由此可见，若是两个数据对象皆为核心对象，则其直接密度可达是两者相互的，若其一方为核心对象而另一方不是，则称其为单向直接密度可达。

定义5：密度相连。在数据集 S 中，假设参数为 eps 和 min_samples，若数据对象 a 到 t 密度可达，而同时数据对象 b 到 t 密度可达，那么数据对象 a 到 b 则为密度相连。作为连接密度相连的点，数据对象 t 必然为核心对象，而密度相连的对象 a 和 b 则不一定为核心对象。

定义6：类。对于特定的样本数据集 S，O 为 S 中的任一非空子集，若 O 符合以下两个性质，则将 O 称为数据集 S 中的一个类簇：

极大性：任意对象 $a, b \in S$，若 $a \in O$，a 到 b 密度可达，则 $b \in O$。

连通性：任意对象 $a, b \in S$，则 a、b 密度相连。

定义7：噪声。如果样本数据 S 中某一对象不属于任何类，就称其为噪声。

DBSCAN 算法的计算流程如下：

第一步：任意选取一个点，找到这个点距离小于等于 eps 的所有的点。如果距起始点的距离在 eps 之内的数据点个数小于 min_samples，那么这个点被标记为噪声。如果距离在 eps 之内的数据点个数大于 min_samples，则这个点被标记为核心样本，并被分配一个新的簇标签。

第二步：访问该点的所有邻居（在距离 eps 以内）。如果它们还没有被分配一个簇，那么就将刚刚创建的新的簇标签分配给它们。如果它们是核心样本，那么就依次访问其邻居，以此类推。簇逐渐增大，直到在簇的 eps 距离内没有更多的核心样本为止。

第三步：选取另一个尚未被访问过的点，并重复相同的过程。当没有新的点添加到任何簇中，迭代结束。

2) TOPSIS 法（优劣解距离法）

TOPSIS 法能够充分利用原始数据的信息，其结果能精确反映各评价方案之间的差距。其先将原始数据矩阵统一指标类型（一般正向化处理）得到正向化的矩阵，再对正向化的矩阵进行标准化处理以消除各指标量纲的影响，并找到有限方案中的最优方案和最劣方案，然后分别计算各评价对象与最优方案和最劣方案间的距离，获得各评价对象与最优方案的相对接近程度，以此作为评价优劣的依据。

TOPSIS 法的计算步骤如下：

第一步：指标正向化。将所有指标转化为极大型指标。对极小型指标（环境敏感区是否位于潮流场主流向）进行正向化处理，公式如下：

$$x'_{i2} = 1 - x_{i2}$$

第二步：指标标准化。为了消除不同指标量纲的影响，需要对已经正向化的矩阵进行标准化处理。对于需要评价的 i 段岸线，指标 x_{i1} 和 x_{i2} 构成的正向化矩阵如下：

$$X = \begin{pmatrix} x_{11} & x_{12} \\ x_{21} & x_{22} \\ \vdots & \vdots \\ x_{n1} & x_{n2} \end{pmatrix}$$

将对其进行标准化的矩阵记为 Z，Z 中的每一个元素为

$$z_{ij} = x_{ij} \Big/ \sqrt{\sum_{i=1}^{n} x_{ij}^2}$$

即每个元素除以其所在列各元素平方和的开方。

第三步：计算评分。对于 i 段待评价岸线，2 个评价指标构成的标准化矩阵为

$$Z = \begin{pmatrix} z_{11} & z_{12} \\ z_{21} & z_{22} \\ \vdots & \vdots \\ z_{n1} & z_{n2} \end{pmatrix}$$

定义最大值：

$$Z^+=(Z_1^+, Z_2^+)=(\max\{z_{11}, z_{21}, \cdots, z_{n1}\}, \max\{z_{12}, z_{22}, \cdots, z_{n2}\})$$

定义最小值：

$$Z^-=(Z_1^-, Z_2^-)=(\min\{z_{11}, z_{21}, \cdots, z_{n1}\}, \min\{z_{12}, z_{22}, \cdots, z_{n2}\})$$

定义第 i 段待评价岸线与最大值的距离：

$$D_i^+ = \sqrt{\sum_{j=1}^{m}(Z_j^+ - z_{ij})^2}$$

定义第 i 段待评价岸线与最小值的距离：

$$D_i^- = \sqrt{\sum_{j=1}^{m}(Z_j^- - z_{ij})^2}$$

则得到第 i 段待评价岸线未归一化的得分：

$$S_i = \frac{D_i^-}{D_i^+ + D_i^-}$$

显然，$0 \leqslant S_i \leqslant 1$，且 S_i 越大，D_i^+ 就越小，即越接近最大值。

第四步：评价值归一化，即每段待评价岸线的评价值除以所有待评价岸线评价值之和。

具体分析步骤如下：

(1) 收集研究区域渔港相关数据，包括大型渔港分布及渔船 AIS 数据。

(2) 渔船作业集中区识别。从 AIS 数据中提取渔船的经纬度坐标代表渔船的空间位置，提取渔船的航行速度区分渔船的工作状态。采用 DBSCAN 算法，识别渔船作业集中区。

(3) 分析单元划分。采用 ArcGIS 中的分割工具对研究区域岸线以适宜间距进行等距分割，形成多个分析单元。

(4) 获取分析因子值。采用 ArcGIS 中的近邻分析工具，计算各分析单元邻近大型渔港数量、与大型渔港的距离、渔船作业集中区数量、与渔船作业集中区的距离 4 个指标。

(5) 计算评估值。基于各分析单元的大型渔港数量、与大型渔港的距离、渔船作业集中区数量以及与渔船作业集中区的距离的值，采用 TOPSIS 法计算归一化分析值。对所有分析单元的归一化分析值进行排序，划分为影响程度相对高、影响程度相对较高、影响程度相对较低以及影响程度相对低 4 个等级。

渔船航行与作业影响评价技术路线如图 4-10 所示。

4.1.3.2 案例：宁波舟山港总体规划修订

在《宁波舟山港总体规划修订》编制之初，采用上述方法，对宁波舟山港所在区域岸线开发对渔船航行与作业影响进行了分析。

先收集了研究区域内大型渔港分布及渔船 AIS 数据，根据《浙江省渔港和渔港经济区建设规划（2021—2025 年）》，研究区域内宁波市、舟山市中心渔港和一级渔港分布如图 4-11 所示。

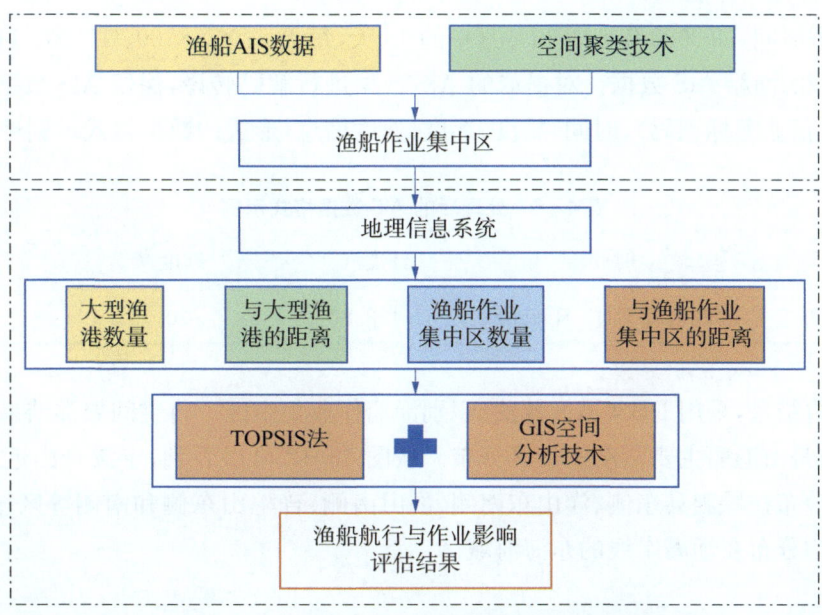

图 4-10 渔船航行与作业影响评价技术路线图

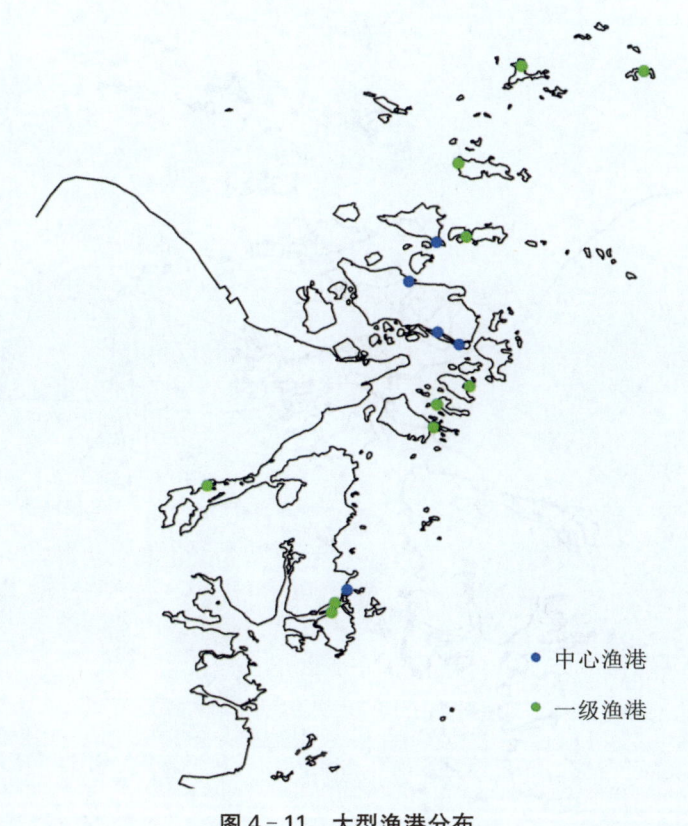

图 4-11 大型渔港分布

1) 渔船作业集中区识别

提取一段时间,如 2022 年 1 月和 2 月中的 18 天,每天 5:00、8:00、11:00、14:00、17:00 宁波舟山海域的渔船 AIS 数据。对提取的 AIS 数据进行解码转译,保留 AIS 数据中的 MMSI(水上移动通信业务标识码)、时间、精度、纬度、速度信息,形成的数据格式示例见表 4-6。

表 4-6 处理后的 AIS 数据格式示例

MMSI	时间	经度/(°)	纬度/(°)	速度/kn
412429129	2022 年 1 月 15 日 11:00	122.87	30.75	8.1

基于提取结果,采用 DBSCAN 算法,识别渔船作业集中区。将空间聚类结果映射到 GIS 中,得到宁波舟山渔船主要活动密集区分布。从图 4-12 可以看到,宁波舟山近岸渔船活动密集区主要分布在嵊泗县东侧、洋山东南侧、岱山南侧、普陀山东侧和南侧等区域;其余渔船活动密集区均分布在远离岸线的东海海域。

图 4-12 宁波舟山渔船主要活动密集区分布

2) 分析单元划分

采用 ArcGIS 中的分割工具对研究区域的岸线以 1 000 m 为间距进行等距分割,形成 7 141 个分析单元。

3) 评价指标获取

采用 ArcGIS 中的近邻分析工具,计算各分析单元邻近大型渔港数量、与大型渔港的距离、渔船作业集中区数量、与渔船作业集中区的距离 4 个指标。

4) 计算评估值

基于各分析单元的大型渔港数量、与大型渔港的距离、渔船作业集中区数量以及与渔船作业集中区的距离的值,采用 TOPSIS 法计算归一化分析值。对研究区域内的所有分析单元的归一化分析值进行排序,划分为影响程度高、影响程度较高、影响程度较低以及影响程度低 4 个等级,分析结果如图 4-13 和表 4-7 所示。

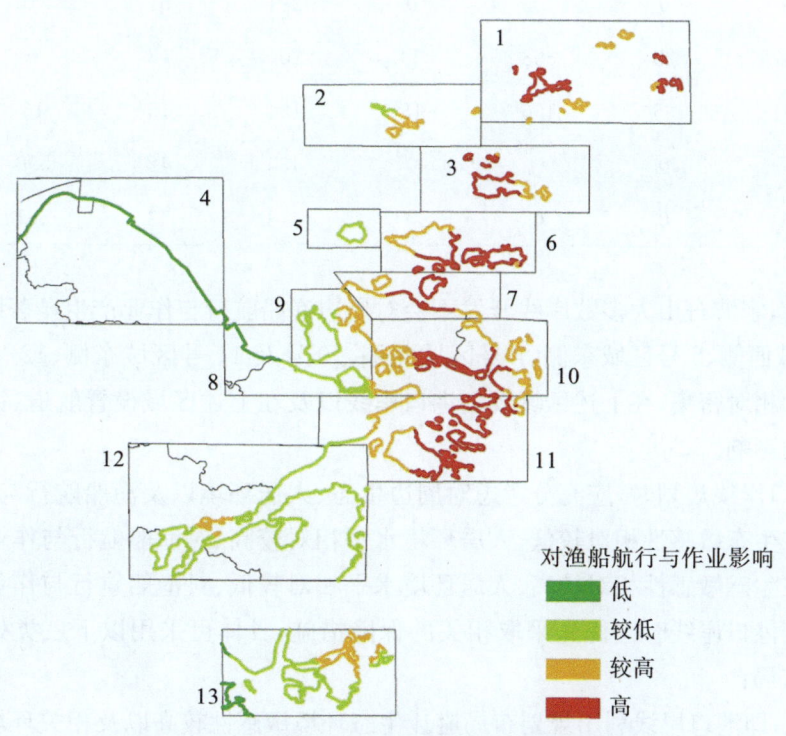

图 4-13 岸线对渔船航行与作业影响程度评价图

表 4-7 岸线对渔船航行与作业影响程度评价结果汇总

区域	对渔船航行与作业影响							
	影响程度高		影响程度较高		影响程度较低		影响程度低	
	长度/km	比重/%	长度/km	比重/%	长度/km	比重/%	长度/km	比重/%
1	119	22	402	74	23	4	0	0
2	0	0	0	0	245	66	126	34

续表

区域	对渔船航行与作业影响							
	影响程度高		影响程度较高		影响程度较低		影响程度低	
	长度/km	比重/%	长度/km	比重/%	长度/km	比重/%	长度/km	比重/%
3	186	44	235	56	0	0	0	0
4	0	0	0	0	0	0	113	100
5	0	0	0	0	28	67	14	33
6	460	72	176	28	0	0	0	0
7	196	60	98	30	31	10	0	0
8	0	0	0	0	109	46	126	54
9	0	0	0	0	221	51	216	49
10	247	22	658	59	201	18	0	0
11	591	65	166	18	134	15	16	2
12	0	0	0	0	435	42	590	58
13	0	0	0	0	418	43	561	57

综合来看，宁波舟山大多数岸线开发不会对周边渔船航行与作业产生显著影响。但1号区域、3号区域西侧、6号区域东侧、7号区域北侧、10号及11号区域东侧、12号区域中部等区域渔船活动相对密集，在上述区域规划港口岸线以及在上述区域设置航道、锚地时应注意对渔船活动的影响。

综上，港口岸线规划时，应充分考虑对周边生态、人居环境以及渔船航行与作业的影响，尽可能规划在生态敏感性相对较低、人居环境水平相对较高、对渔船航行与作业影响相对较小的区域。在生态敏感性相对较高、人居环境水平相对较低、对渔船航行与作业影响相对较大的区域规划港口岸线时应优先采取相关的保障措施，具体可采用以下三类处理方式来优化港口岸线布局：

（1）避让，即港口岸线利用规划布局避让生态环境敏感性较高以及相关环境保护规划中的禁止开发区域，尽可能规划在生态敏感性相对较低的区域；或在港城矛盾相对突出的区域港口岸线腾退货运功能，转变为城市生活岸线。

（2）挖潜，即采用等级提升、复式布局、连片式布置等多种方式充分挖潜已利用港口岸线资源，在此基础上科学规划存量资源。

（3）融合，即对必要但位于或邻近环境敏感区域的港口岸线采用优化港口功能、限制污染物排放、落实生态修复和补偿措施、设置生态景观及屏障等方式降低环境影响，统筹平衡港口发展与环境保护的关系。在渔船活动密集区域规划岸线、设置航道锚地时尽可能降低对周边渔船航行与作业的影响。

4.2 基于港口最大开发状态的港口区域可开发强度分析

为保证各港口区域能在港口生态承载力允许下进行合理、适度的开发,采用状态空间分析模型方法,定量分析得出港口各区域的实际和最大开发强度,明确港口各区域的可开发强度状态指数。

4.2.1 研究方法

港口可开发强度 = f(自然环境,渔业环境,岸线资源,社会经济进步水平,管理与建设水平)

该部分涉及的一些基本概念解释如下:

(1) 港口生态承载力,是指港口水陆域范围在一定时期内,在确保港口资源合理开发利用和港口生态系统良性循环的条件下,能够承载可能货种的最大吞吐量。

(2) 港口最大开发强度,是指在满足港口生态承载力的前提下所能支持的最大开发强度。

(3) 港口可开发强度,是指港口实际开发强度与最大开发强度的差值。

(4) 自然环境,包括高程、归一化植被指数、人口集聚区情况、区域风场情况、区域潮流场情况、环境敏感区位置与潮流场流向的关系。

(5) 渔业环境,是指分区域渔船作业集中区情况。

(6) 岸线资源,用单位吞吐量岸线占有量来反映。

(7) 社会经济进步水平,用 GDP 增长率来反映。

(8) 管理与建设水平,用环保投资比重和基础设施投资比例来反映。

具体而言,在 4.1 节所得到单项分析指标的基础上,搜集港区吞吐量、岸线占用量等基础数据,将这些数据归为社会经济、资源和环境三大类。从这三个方面,将现实指标值和最大状态指标值代入状态空间分析模型中,得到港口各目标区域现实开发状态和港口各目标区域最大开发强度,比较两者得出港口各目标区域可开发强度。技术路线如图 4-14 所示。

具体计算步骤如下:

1) 最大状态参比值确定

本研究采用指标实际值与最大状态参比值的比值作为各指标的标准值,故确定区域不同发展阶段的最大状态参比值至关重要。本研究中各指标的最大状态参比值主要通过以下几种方式确定:

(1) 参考国家和地区各发展阶段的发展规划中相应指标的目标值,如 GDP 增长率、人均 GDP 等。

(2) 根据现有的国家标准或行业规定,结合港口发展规划预测,计算得到相应的指标最大值,如单位吞吐量使用岸线长度等。

(3) 参考国际类似发展程度下的相应指标与人均 GDP 的经验公式,结合区域经济发展预测,计算得到相应的指标最大值,如环保投资比重、基础设施投资比例等。

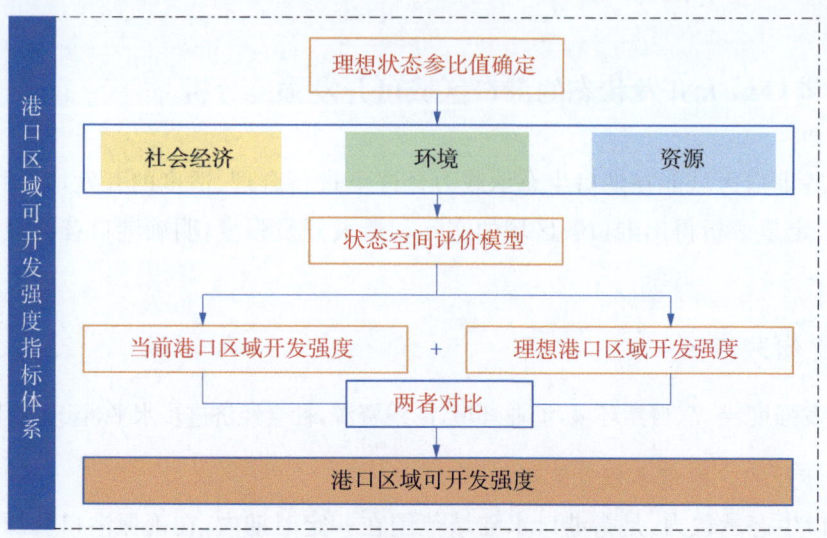

图 4-14 港口区域可开发强度技术路线图

(4) 考虑到随着社会经济发展,最大状态参比值是一个动态连续变化的过程,而国家和地区发展规划往往是阶段性的,故插值计算各年限指标的最大状态参比值。

2) 对各项指标进行归类

将 4.1 节得到的指标结果纳入环境承载压力指标类,形成环境承载压力、人类支持能力和资源承载压力三大指标类。具体指标见表 4-8。

表 4-8 港口可开发强度分析指标

目标层	分目标层	准则层	指标层
港口区域开发状态	环境承载压力	自然环境	岸线生态敏感性
			人口集聚区情况
			区域风场情况
			区域潮流场情况
			环境敏感区位置与潮流场流向的关系
		渔业环境	分区域渔船作业集中区情况
	资源承载压力	岸线资源	单位吞吐量岸线占有量
	人类支持能力	社会经济进步	GDP 增长率
		管理与建设水平	环保投资比重
			基础设施投资比例

3) 建立港口区域状态空间模型(图 4-15)

将上述三类指标的现实值和最大值代入区域生态承载力的计算公式进行加权计算,得到港口区域当前和最大开发状态,比较两者得出当前港口区域的可开发强度:

$$\text{RCC} = \sqrt{\sum_{i=1}^{n} w_i x_{ir}^2}$$

式中　RCC——最大港口开发强度；
　　　w_i——x_{ir} 轴的权重值。

$$\mathrm{RCS} = \sqrt{\sum_{i=1}^{n} w_i x_{ir}^{\prime 2}}$$

式中　RCS——当前港口开发状态；
　　　$x_{ir}^{\prime}$——各指标在现实状态时的空间坐标值。

$$\mathrm{RCS} = \mathrm{RCC} \times \cos\theta$$

式中　θ——现实的城市承载状况矢量与理想状态下的城市承载力矢量之间的夹角，取值范围为 0°~180°。

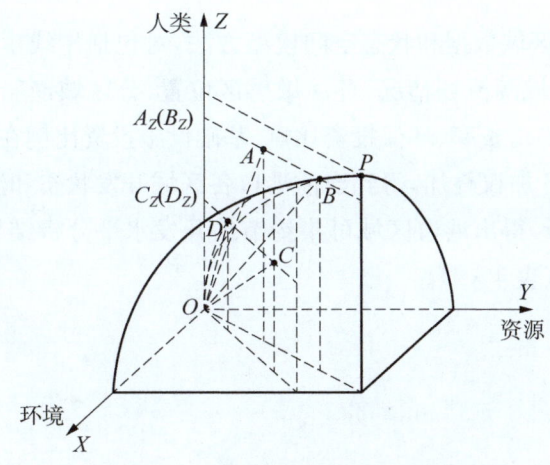

图 4-15　状态空间模型示意图

当 RCS > RCC 时，当前港口可开发强度为负值，不具有开发余地，当前港口区域为超载状态。
当 RCS = RCC 时，当前港口可开发强度为零，不具有开发余地，当前港口区域为满载状态。
当 RCS < RCC 时，当前港口可开发强度为正值，具有开发余地，当前港口区域为可载状态。

4）结果分析

采用状态空间模型分析得出结果并绘制港口可开发强度的分级图。港口区域的可开发强度可反映目标区域当前的开发余地、开发潜力水平，帮助港口规划过程中对各区域的可开发潜力进行较准确的区分和研判，为港口规划开发提供基础性的指导。

4.2.2　案例：宁波舟山港总体规划修订

考虑 4.1 节得出的实际指标值和最大指标值，补充单位吞吐量岸线占有量、GDP 增长率、环保投资比重和基础设施投资比例这 4 项指标的实际值和最大值。

单位吞吐量岸线占有量反映了该地区现阶段码头转运作业的效率。单位吞吐量岸线占有量的指标计算使用现阶段宁波舟山港各港区的岸线使用情况数据来进行。

GDP 是一个国家或地区在一定时间里所创造出的价值的总称，通常用来衡量地区或者国家的经济状况。对于 GDP 增长率，通过搜集 2019 年宁波市与舟山市 GDP 增长率的相关资料，将其作为该指标的实际值；搜集当年全国设置的预期 GDP 增长率目标的相关资料，将其作为该项指标的理想状态值。2019 年宁波市 GDP 增长率为 3.53%，舟山市 GDP 增长率为 10.24%，全国 GDP 预期增长目标为 6.1%。

环保投资比重和基础设施投资比例两项指标反映着一个地区的管理建设水平。对于环保投资比重和基础设施投资比例，通过搜集 2019 年宁波市与舟山市各区、县的生态环保与公共设施投资比重增速和基础设施投资比例增速数据，将其作为指标的实际值；搜集浙江省 2019 年的生态环保与公共设施投资比重和基础设施投资比例的目标增速，将其作为这两项指标的理想值。浙江省 2019 年基础设施投资增速为 7.80%，生态环保与公共设施投资比重增速为 4.10%。

基于宁波舟山港各区域数据和状态空间模型方法，对包括岸线生态敏感性、人口集聚区情况、区域风场情况、区域潮流场情况、环境敏感区位置、分区域渔船作业集中区情况、单位吞吐量岸线占有量、GDP 增长率、环保投资比重、基础设施投资比例在内的 10 项指标进行归一化处理，然后进行 GIS 加权叠加，得到当前港口各区域开发状态和港口各区域最大开发强度，对两者进行比较分析，得出港口区域可集约节约开发水平分析结果（图 4-16）和港口区域可开发强度分析结果（表 4-9）。

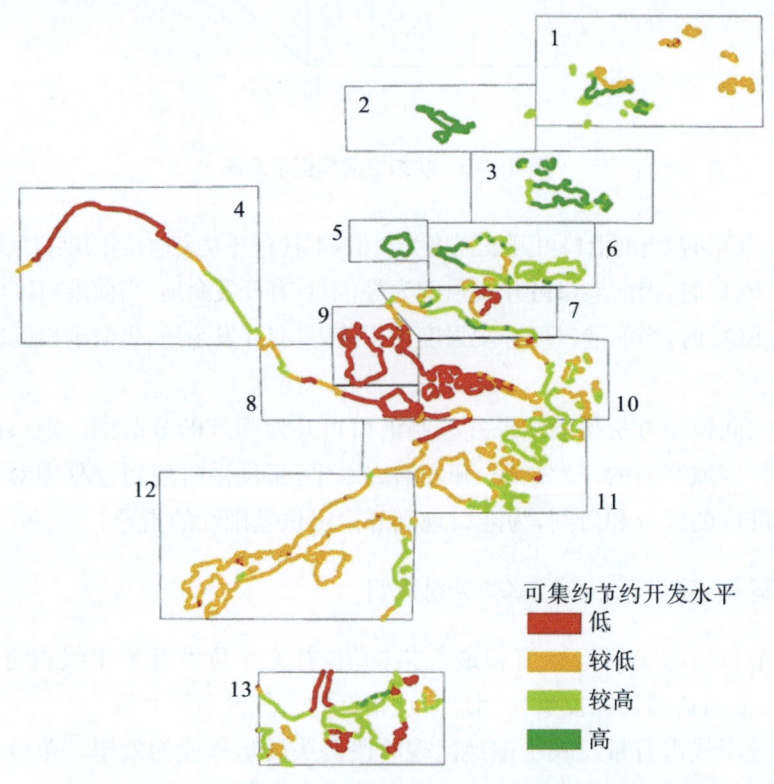

图 4-16　港口区域可集约节约开发水平分布图

表 4-9　港口区域可开发强度分析结果汇总

区域	可集约节约开发水平							
	可集约节约开发水平高		可集约节约开发水平较高		可集约节约开发水平较低		可集约节约开发水平低	
	长度/km	比重/%	长度/km	比重/%	长度/km	比重/%	长度/km	比重/%
1	116	21.32	149	27.39	269	49.45	10	1.84
2	337	90.84	34	9.16	0	0.00	0	0.00
3	355	84.32	66	15.68	0	0.00	0	0.00
4	0	0.00	32	28.32	23	20.35	58	51.33
5	42	100.00	0	0.00	0	0.00	0	0.00
6	121	19.03	456	71.70	59	9.28	0	0.00
7	23	7.08	124	38.15	58	17.85	120	36.92
8	0	0.00	12	5.11	44	18.72	179	76.17
9	0	0.00	0	0.00	28	6.41	409	93.59
10	0	0.00	140	12.66	371	33.54	595	53.80
11	0	0.00	462	50.94	400	44.10	45	4.96
12	0	0.00	246	24.00	764	74.54	15	1.46
13	0	0.00	584	59.65	152	15.53	243	24.82

研究结果表明,当前宁波舟山港13个目标区域的港口可开发强度均为正值,即均有可开发余地,各区域处于可载状态。但各区域的港口可开发强度并不完全一致,存在区位差异。其中,区域2、3、5的可集约节约开发水平较高,即拥有的可开发强度高的岸线占比大,具有80%以上可开发强度高的岸线;区域6、11、13有超过一半的岸线达到可集约节约开发水平较高这一等级;但区域8、9、10较多的岸线处于可集约节约开发水平低的状态,虽说此类岸线仍可进行开发利用,但这部分岸线的当前开发状态已比较接近满载状态,在开发时需在考虑岸线用途和具体的开发方式的前提下,适当地通过增加人类支持能力来对该地区的岸线港口开发进行保障等。港口可开发强度的分析结果基本符合现宁波舟山港开发的实际情况,给出的可集约节约开发水平可作为下一步港口开发和规划的导向性依据。

4.3　基于总量控制的分区域分货类港口功能布局导向

4.3.1　港口岸线资源利用总量控制

为尽可能降低港口岸线开发的生态环境影响,本书提出将"规划能力冗余度"控制在合理范围内。规划能力冗余度,即港口总体规划中预估货物通过能力与规划水平年预测吞吐量的比值。图4-17收集了我国典型港口总体规划中的规划能力冗余度,可以看到沿海港口规划能力冗余度在1.4~1.6,内河港口规划能力冗余度在1.0~1.2。

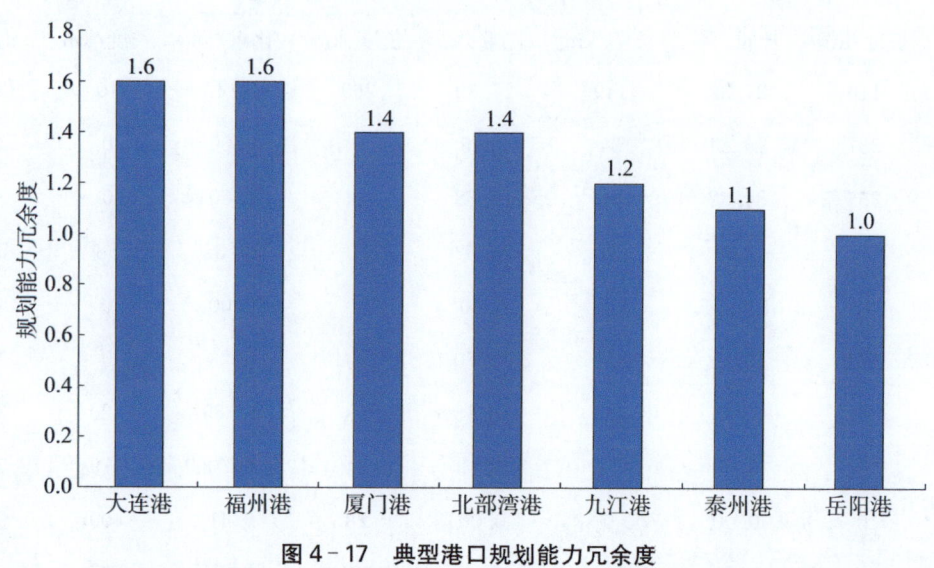

图4-17 典型港口规划能力冗余度

4.3.2 分区域分货类港口功能布局导向研究

基于绿色发展理念,针对干散货、集装箱、液体散货三类主要货种,采用"开发潜力-生态限制"模型,提出分区域分货类的港口功能布局指引。

1) 研究方法

"开发潜力-生态限制"模型基本原理是借鉴损益分析法和生态足迹的思路,将货类布局的影响因子分为开发潜力和生态限制两大类,开发潜力和生态限制分析值基于各影响因子的加权叠加,分区域分货类港口岸线开发适宜等级则定义为开发潜力与生态限制分析值之差。根据港口岸线开发适宜等级计算结果,将岸线开发等级划分为一级、二级、三级、四级。差值越大,开发等级越趋近于一级,则表明从绿色发展角度来看,该区域越适宜进行该类货种码头的开发。

分区域分货类港口功能布局引导技术路线如图4-18所示。

具体步骤如下:

(1) 针对干散货、集装箱、液体散货三类主要货种提出对应的港口岸线开发等级分析指标体系。根据三类货种码头开发的主要环境影响因素,将影响该类货种码头岸线开发的指标分为共同指标和特有指标。共同指标主要考虑各货类布局时均应考虑的指标,包括岸线生态敏感性、周边渔船作业集中区分布、岸线资源分布等。特有指标主要是结合具体的货种,根据其环境影响考虑的指标。其中,干散货在装卸、堆存中可能会产生一定的粉尘污染,对周边人口集聚区产生一定影响,将人口集聚区和区域风场作为其特有的指标,如干散货码

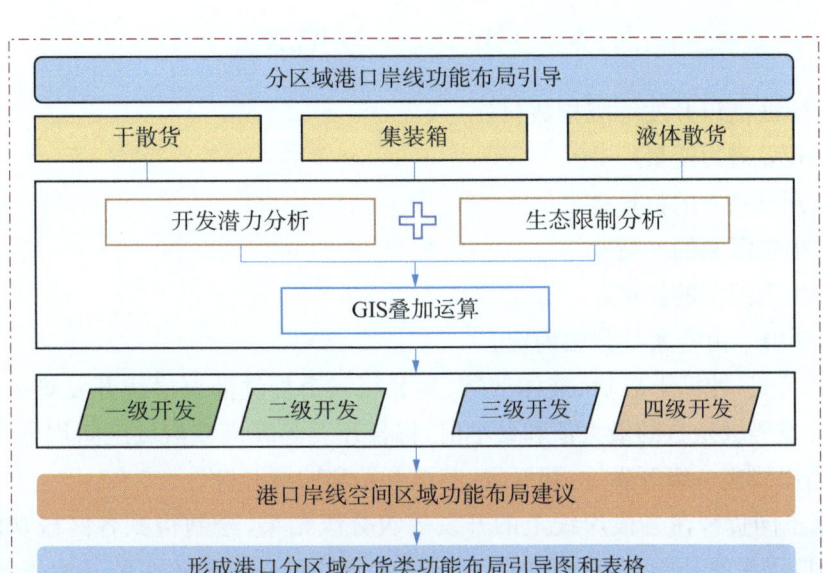

图 4-18 分区域分货类港口功能布局引导技术路线图

头岸线适合布置于人口集聚区主频率风向的下风向,不适合布置于该类区域的上风向;集装箱码头对港区所在区域的集疏运体系要求较高,故将集疏运通道情况作为其特有的分析指标;对于液体散货码头,液体散货对人口集聚区的威胁不容忽视,液体散货大多为危险品,需考虑它对其他船舶的危险程度,将人口集聚区、距离主航道距离和液体散货码头聚集度作为其特有的指标。各货类分析的具体指标如图 4-19 所示。

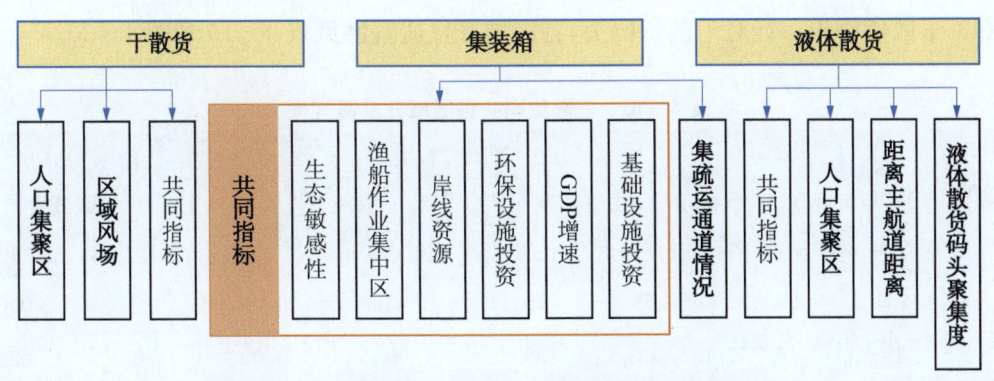

图 4-19 不同货种对应港口区域岸线等级分析指标体系

(2) 构建"开发潜力-生态限制"模型,即针对不同货种,将指标分为开发潜力指标和生态限制分析指标两大类。依据不同货种在各段岸线上的指标值,采用如下的计算公式,并利用 GIS 加权叠加法,得出不同货种在各段岸线上的开发等级指数:

$$S=\sum_{i=1}^{n}W_{ip}X_{ip}-\sum_{i=1}^{n}W_{ic}X_{ic}$$

式中　S——岸线港口开发等级指数；

X_{ip}——开发潜力变量；

W_{ip}——开发潜力的权重；

X_{ic}——生态限制的变量；

W_{ic}——生态限制的权重。

权重W_{ip}和W_{ic}由专家打分法确定。

基于上述公式，计算干散货、液体散货、集装箱三个货类港口岸线开发等级指数。根据各货类港口开发等级指数的最大值和最小值，将各开发等级指数值域区间均分为 4 份，将各区间分别视为岸线应一级开发、二级开发、三级开发和四级开发。

（3）依据不同货种在各段岸线上的开发等级分级结果，绘制得到各区域功能布局引导图，以指导港口码头的功能布局。原则上，若某区域针对该货类码头的开发指数值越大，开发等级越趋近于一级，则表明从绿色发展角度，该区域越适宜进行该类货种码头的开发。针对某一货类，新规划港口岸线应重点关注一级、二级开发等级的岸线。对于"四级开发等级"的岸线，此等级岸线在规划该货类码头时，需在环保投资、环境质量管控等方面采取一定的保障措施。

2）案例

将上述方法应用到宁波舟山港分区域分货类的港口功能布局引导中。先收集相关资料，分析影响各货类开发等级的影响因子，利用"开发潜力-生态限制"模型，计算干散货、集装箱、液体散货三个货类的岸线开发等级指数。

（1）干散货码头。针对干散货码头，各区域开发适宜性见表 4-10 和图 4-20。

表 4-10　干散货码头各区域开发适宜性

区域	开发等级							
	一级开发		二级开发		三级开发		四级开发	
	长度/km	比重/%	长度/km	比重/%	长度/km	比重/%	长度/km	比重/%
1	489	89.89	55	10.11	0	0.00	0	0.00
2	40	10.78	331	89.22	0	0.00	0	0.00
3	200	47.51	221	52.49	0	0.00	0	0.00
4	0	0.00	38	33.63	66	58.41	9	7.96
5	0	0.00	0	0.00	33	78.57	9	21.43
6	126	19.81	502	78.93	8	1.26	0	0.00

续 表

区域	开发等级							
	一级开发		二级开发		三级开发		四级开发	
	长度/km	比重/%	长度/km	比重/%	长度/km	比重/%	长度/km	比重/%
7	2	0.62	46	14.15	275	84.62	2	0.62
8	37	15.74	45	19.15	17	7.23	136	57.87
9	428	97.94	9	2.06	0	0.00	0	0.00
10	65	5.88	921	83.27	109	9.86	11	0.99
11	507	55.90	197	21.72	195	21.50	8	0.88
12	0	0.00	0	0.00	172	16.78	853	83.22
13	0	0.00	288	29.42	655	66.91	36	3.68

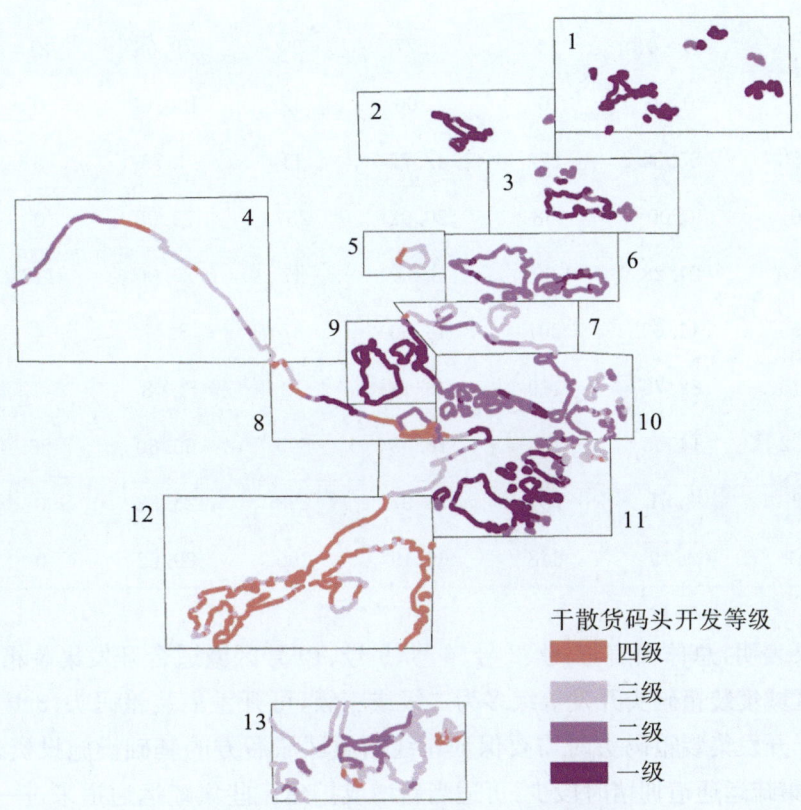

图 4-20 干散货码头各区域开发适宜性图

研究结果表明,1号和9号区域属于干散货码头一级开发等级的岸线较长,占区域岸线总长度的89.9%和98%。8号和12号区域属于干散货码头四级开发等级的岸线占比较大,分别为 57.9% 和 83.2%，这就意味着该区域新增或扩建干散货码头需要增加相应的保障措施。总体而言，1 号、3 号、9 号、11 号区域中干散货码头开发等级为一级的岸线占有一定比例，适合开发干散货码头；2 号、6 号、7 号、10 号区域大部分区域干散货码头开发等级为二级或三级，可开发干散货码头；8 号、12 号区域开发干散货码头需要适当在环保投资、基础设施投资等方面加大力度，为干散货码头布局提供保障措施。

(2) 集装箱码头。针对集装箱码头，各区域开发适宜性见表 4-11 和图 4-21。

表 4-11 集装箱码头各区域开发适宜性

区域	开发等级							
	一级开发		二级开发		三级开发		四级开发	
	长度/km	比重/%	长度/km	比重/%	长度/km	比重/%	长度/km	比重/%
1	296	54.41	248	45.59	0	0.00	0	0.00
2	214	57.68	149	40.16	8	2.16	0	0.00
3	0	0.00	0	0.00	70	16.63	351	83.37
4	0	0.00	2	1.77	90	79.65	21	18.58
5	0	0.00	0	0.00	42	100.00	0	0.00
6	353	55.50	272	42.77	11	1.73	0	0.00
7	0	0.00	68	20.92	257	79.08	0	0.00
8	50	21.28	20	8.51	47	20.00	118	50.21
9	195	44.62	201	46.00	37	8.47	4	0.92
10	915	82.73	179	16.18	12	1.08	0	0.00
11	132	14.55	154	16.98	595	65.60	26	2.87
12	36	3.51	751	73.27	238	23.22	0	0.00
13	41	4.19	648	66.19	290	29.62	0	0.00

研究结果表明，总体而言，1 号、2 号、6 号、9 号、10 号区域适合开发集装箱码头；11 号、12 号、13 号区域集装箱码头开发等级多为二级或三级，可开发集装箱码头；3 号、4 号和 7 号区域岸线用于开发集装箱码头时需要保证岸线所属区域后方的基础设施投资、集疏运通道畅通等，确保集疏运通道拥堵时段少，可适当新增或扩建一些集疏运通道来进一步保障集装箱码头的后方集疏运。

(3) 液体散货码头。针对液体散货码头，各区域开发适宜性见表 4-12 和图 4-22。

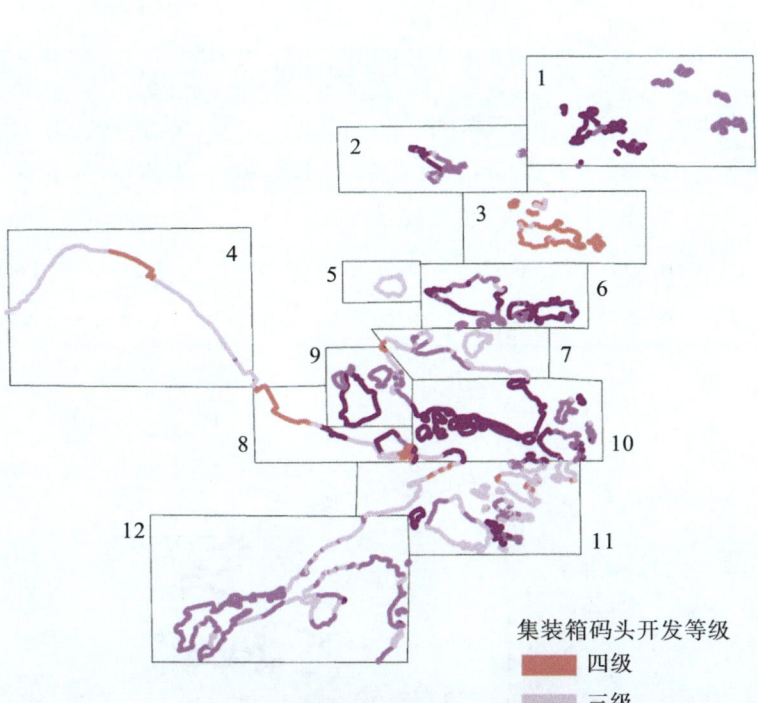

图 4-21 集装箱码头各区域开发适宜性图

表 4-12 液体散货码头各区域开发适宜性

区域	开发等级							
	一级开发		二级开发		三级开发		四级开发	
	长度/km	比重/%	长度/km	比重/%	长度/km	比重/%	长度/km	比重/%
1	0	0.00	544	100.00	0	0.00	0	0.00
2	1	0.27	336	90.57	0	0.00	34	9.16
3	313	74.35	108	25.65	0	0.00	0	0.00
4	0	0.00	0	0.00	0	0.00	113	100.00
5	0	0.00	0	0.00	42	100.00	0	0.00
6	636	100.00	0	0.00	0	0.00	0	0.00
7	4	1.23	321	98.77	0	0.00	0	0.00
8	63	26.81	169	71.91	3	1.28	0	0.00
9	129	29.52	308	70.48	0	0.00	0	0.00
10	68	6.15	1 038	93.85	0	0.00	0	0.00

续表

区域	开发等级							
	一级开发		二级开发		三级开发		四级开发	
	长度/km	比重/%	长度/km	比重/%	长度/km	比重/%	长度/km	比重/%
11	69	7.61	838	92.39	0	0.00	0	0.00
12	0	0.00	0	0.00	19	1.85	1 006	98.15
13	0	0.00	0	0.00	0	0.00	979	100.00

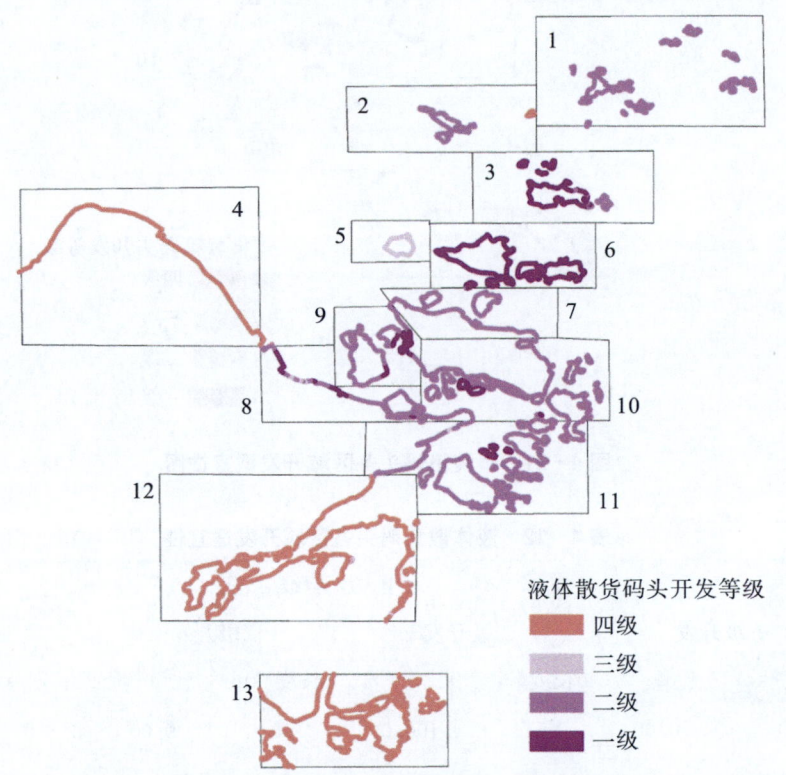

图 4-22 液体散货码头各区域开发适宜性图

研究结果表明,综合来看,3号、6号区域岸线液体散货码头开发等级为一级的岸线居多,适合建设液体散货码头;1号、2号、8号、9号、10号、11号区域较适合开发液体散货码头;4号、12号、13号液体散货码头开发应考虑主航道、人口集聚区分布及现状液体散货码头的聚集情况等方面,适当设置安全缓冲区域,增加液体散货泄漏、爆炸等危险事件的防范和应急措施,加大安全生产设施投资力度等。

4.4 基于大气环境影响的干散货规模控制技术

传统的港口总体规划编制中干散货吞吐量预测主要依据港口后方临港产业及腹地发展

趋势、运输需求等,较少考虑环境影响的问题。而在大气环境本底已经超标的区域布置干散货码头或港口干散货运输规模较大时,大气环境影响不容忽视。基于此,本节提出了基于大气环境影响的干散货规模调控技术,以为港口总体规划干散货规模预测提供参考和借鉴。

4.4.1 研究方法

(1) 结合环境质量变化趋势和主要运输货种,识别规划编制中应重点关注的环境影响要素,判断大气环境影响是否为应关注的重点环境影响。

(2) 基于后方临港产业及腹地发展情况、趋势以及发展需求等,拟定港区吞吐量高低发展情景。

(3) 根据吞吐量预测结果,拟定初步规划方案。

(4) 基于 CALPUFF 等大气环境影响预测模型,预测不同发展情景下的大气环境影响,分析 TSP、PM_{10}、$PM_{2.5}$ 最大日均浓度值、占标率等指标。

(5) 根据预测结果,基于大气环境影响达标及改善目标,提出港口干散货运输规模的控制建议。

基于大气环境影响的干散货规模控制技术路线如图 4-23 所示。

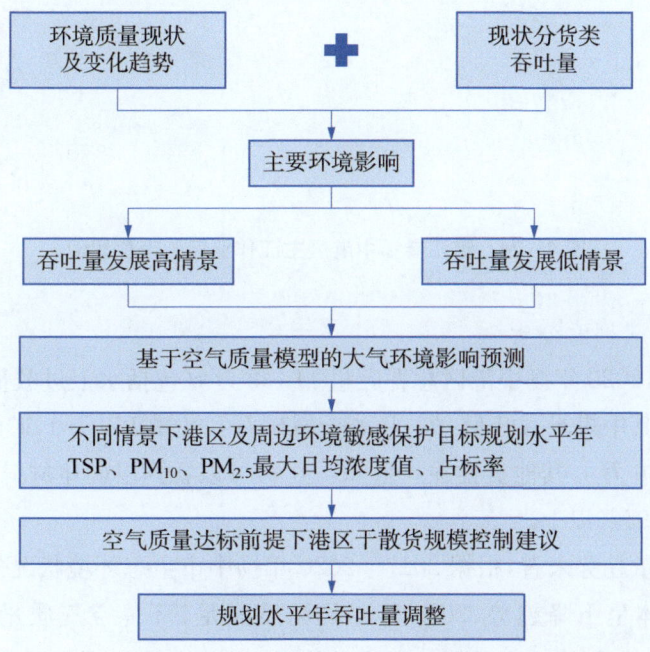

图 4-23 基于大气环境影响的干散货规模控制技术路线图

4.4.2 案例:镇江港扬中港区规划调整研究

镇江港是长江三角洲地区综合运输体系的重要枢纽和我国沿海主要港口之一,是上海国际航运中心集装箱运输体系的重要组成部分和集装箱支线港,也是长江沿线能源、原材料海进江运输的主要中转港之一。扬中港区是镇江港总体规划"一港六区"中的"六区"之一,地理位置如图4-24所示。截至2020年年底,扬中港区主江岸段共有千吨级及以上生产性泊位18个,其中深水泊位6个,泊位总长度4745 m,通过能力1940万t,现已建有3千吨级散货泊位6个和3千吨级件杂货泊位12个。

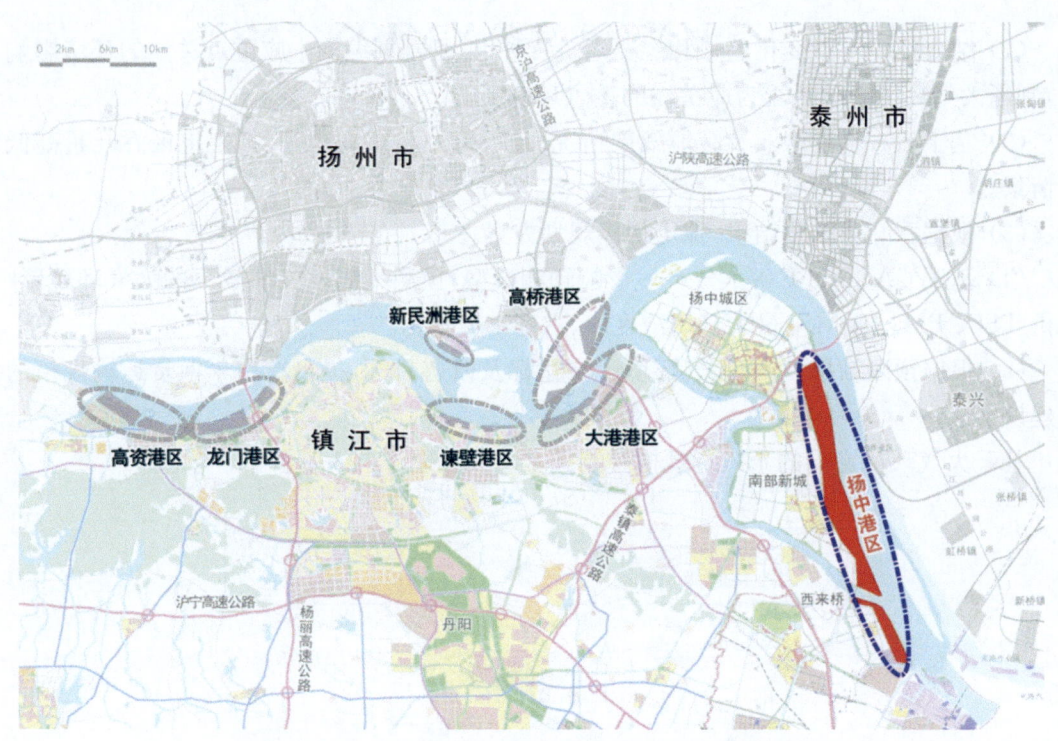

图4-24　镇江港扬中港区主江作业区地理位置图

1) 主要环境影响因素分析

从吞吐量来看,2020年扬中港区总吞吐量11438万t(包括水上过驳量9113万t,主要为黄砂等矿建材料),其中煤炭吞吐量877万t,金属矿石吞吐量153万t,矿建材料吞吐量9687万t,粮食吞吐量436万t,其他货物吞吐量284万t,可以看到以矿建材料为代表的干散货吞吐量占总吞吐量的95%以上。

从大气环境质量趋势来看,根据2017—2020年扬中市生态环境状况公报,近年来扬中市PM_{10}年均浓度总体呈下降趋势,2020年年均浓度满足《环境空气质量标准》(GB 3095—2012)二级标准;$PM_{2.5}$年均浓度总体呈下降趋势,但浓度偏高,年均浓度未满足《环境空气质量标准》(GB 3095—2012)二级标准。扬中市大气环境质量统计结果见表4-13。

考虑干散货堆存、装卸会增加区域颗粒物排放,目前扬中市$PM_{2.5}$年均浓度尚未达标,在规划阶段,重点从降低颗粒物排放、减少大气环境质量影响角度开展作业区干散货吞吐量规模研究。

表 4-13　2017—2020 年扬中市环境空气质量总体状况统计　　　　　　　单位：mg/m³

项目	年度				《环境空气质量标准》二级标准
	2017 年	2018 年	2019 年	2020 年	
PM_{10}	0.075	0.076	0.07	0.059	0.07
PM_{10} 达标情况分析	超标	超标	不超标	达标	
$PM_{2.5}$	0.048	0.045	0.042	0.036	0.035
$PM_{2.5}$ 达标情况分析	超标	超标	超标	超标	

2）拟定吞吐量发展情景

基于现状吞吐量及港区未来运输需求，预测港区 2025 年吞吐量。其中，煤炭吞吐量预测基本与现状持平。考虑我国钢铁产业已发展到高位阶段，外贸进口铁矿石总量不会有大的增长，但沿江铁矿石运输系统布局将优化调整，原来靠近主城区、对居住环境有一定污染和影响的铁矿石运输将逐步调整到远离主城区港区，原来在通用泊位上完成的中转运输要逐步转移到专业化铁矿石泊位。目前镇江港铁矿石运输 80% 以上在靠近主城区的大港港区完成，大约 50% 在通用散货泊位上完成，未来扬中港区将承接大港港区铁矿石中转运输，金属矿石吞吐量将快速增长，大港港区只保留专业化泊位。随着环保要求的提高以及《江苏省沿江砂石码头布局方案》对砂石码头的重新布局，部分矿建材料中转运输会转到长江中上游地区，因此扬中港区矿建材料总吞吐量较现状规模将有所下降，且无组织的水上过驳区的矿建材料接卸将转移至本次规划通用码头区内规模化运行。粮食吞吐量总体有一定增长。基于上述分析，拟定 2025 年吞吐量预测情景如下：

情景一：预测扬中港区 2025 年吞吐量 10 000 万 t，其中煤炭吞吐量 900 万 t，金属矿石吞吐量 3 000 万 t，矿建材料吞吐量 5 000 万 t，粮食吞吐量 700 万 t，其他货物吞吐量 400 万 t。

情景二：在情景一的基础上，适当压减矿建材料吞吐量。预测扬中港区 2025 年吞吐量 9 000 万 t，其中煤炭吞吐量 900 万 t，金属矿石吞吐量 3 000 万 t，矿建材料吞吐量 4 000 万 t，粮食吞吐量 700 万 t，其他货物吞吐量 400 万 t。

情景一、情景二相对现状吞吐量变化分析见表 4-14。

表 4-14　预测水平年吞吐量变化分析

货种	吞吐量预测/万 t		2020 年吞吐量/万 t	预测年吞吐量相对现状变化/万 t		变化情况分析	污染源
	情景一	情景二		情景一	情景二		
总计	10 000	9 000	11 438	−1 438	−2 438	总量减少	
煤炭	900	900	877	23	23	与现状基本持平	主要为大气污染源
金属矿石	3 000	3 000	153	2 847	2 847	新增量较大	主要为大气污染源

续表

货种	吞吐量预测/万 t		2020年吞吐量/万 t	预测年吞吐量相对现状变化/万 t		变化情况分析	污染源
	情景一	情景二		情景一	情景二		
矿建材料	5 000	4 000	9 687	−4 687	−5 687	现状矿建材料从上游二墩港迁移至港区内,总体削减量较大	主要为大气污染源
粮食	700	700	436	264	264	与现状比增长	主要为大气污染源
其他	400	400	284	116	116	与现状比增长	

3) 拟定初步规划方案

基于上述落实绿色发展理念的港口规划空间布局引导,同时统筹考虑《江苏省沿江砂石码头布局方案》等上层规划以及保障镇江港后续发展空间等需求,制定扬中港区主江作业区规划初步方案如图 4-25 所示。

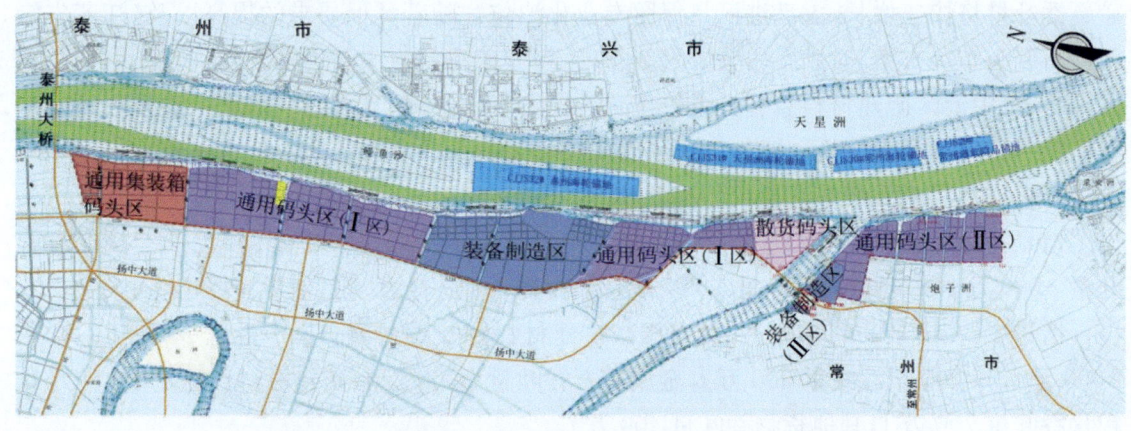

图 4-25 扬中港区主江作业区规划初步方案平面布置图

4) 预测不同发展情景下的大气环境影响

参考交通运输部天津水运工程科学研究院委托天津地质矿产研究所对主要煤种煤尘粒径进行的实测检验,分析 TSP、PM_{10} 和 $PM_{2.5}$ 占总起尘量的比例,并以此为基础预测港区煤炭等作业产生的粉尘排放量,计算结果见表 4-15。

采用《环境影响评价技术导则 大气环境》(HJ 2.2—2018)推荐的 CALPUFF 模式对扬中港区主江作业区煤炭、金属矿石、矿建材料及粮食作业产生的大气污染进行分析。在港区边界布设间隔为 50 m 的边界受体点,沿港区范围各边界向外侧扩展延伸 2.5 km 布设 250 m 的加密受体网格,其余 50 km 范围内布设 500 m 的受体网格,预测 90% 防尘率下,情景一、情景二实施后,港区及周边区域 TSP、PM_{10}、$PM_{2.5}$ 95% 保证率下日均浓度

表 4-15 扬中港区主江作业区粉尘排放量估算

情景	货种	总起尘量/(t·a⁻¹)			TSP/(t·a⁻¹)			PM_{10}/(t·a⁻¹)			$PM_{2.5}$/(t·a⁻¹)		
		现状	增减量	排放量	现状	增减量	排放量	现状	增减量	排放量	现状	增减量	排放量
情景一	煤炭	356.1	−33.4	322.7	35.3	−3.3	32.0	6.8	−0.6	6.2	1.4	−0.1	1.3
	金属矿石	57.0	985.0	1042.1	5.7	97.5	103.2	1.1	18.8	19.9	0.2	3.9	4.1
	矿建材料	3608.1	−2230.8	1377.3	357.3	−220.9	136.4	69.0	−42.7	26.4	14.2	−8.8	5.4
	粮食	13.1	7.9	21.0	13.1	7.9	21.0	7.2	4.4	11.6	0.9	0.4	1.3
	合计	4034.3	−1271.2	2763.1	411.3	−118.7	292.5	84.2	−20.1	64.1	16.7	−4.6	12.1
情景二	煤炭	356.1	−33.4	322.7	35.3	−3.3	32.0	6.8	−0.6	6.2	1.4	−0.1	1.3
	金属矿石	57.0	985.0	1042.1	5.7	97.5	103.2	1.1	18.8	19.9	0.2	3.9	4.1
	矿建材料	3608.1	−1895.6	1712.5	357.3	−187.7	169.6	69.0	−36.3	32.8	14.2	−7.5	6.7
	粮食	13.1	7.9	21.0	13.1	7.9	21.0	7.2	4.4	11.6	0.9	0.4	1.3
	合计	4034.3	−936.0	3098.3	411.3	−85.5	325.7	84.2	−13.7	70.5	16.7	−3.3	13.4

预测结果表明,情景一实施后,港区及周边区域 TSP、PM_{10}、$PM_{2.5}$ 最大日均浓度值分别为 $336.6\,\mu g/m^3$、$13.7\,\mu g/m^3$、$70.3\,\mu g/m^3$,占标率分别为 112.2%、18.3%、46.9%,表明该情景下 TSP 已超标。情景二实施后,港区及周边区域 TSP、PM_{10}、$PM_{2.5}$ 最大日均浓度值分别为 $297.6\,\mu g/m^3$、$13.0\,\mu g/m^3$、$67.1\,\mu g/m^3$,占标率分别为 99.2%、17.3%、44.7%,表明该情景下 TSP 占标率已接近标准值。

5) 提出港口干散货运输规模的控制建议

根据预测结果,基于大气环境影响达标及改善目标,提出港口干散货运输规模的控制建议。结合情景一、情景二预测结果,建议在区域大气环境质量尚无改善、其他货种预测吞吐量不变的前提下,规划水平年矿建材料吞吐量规模应控制在 4 000 万 t 及以下;或者保持矿建材料吞吐量 5 000 万 t 不变的情况下,控制煤炭、金属矿石等其他干散货吞吐量。考虑煤炭未来吞吐量与现状相比变化不大,根据粉尘排放量计算,估算规划水平年矿建材料吞吐量 5 000 万 t 的情况下,金属矿石吞吐量规模应控制在 2 000 万 t 及以下。此外,在规划实施中应全面推进煤炭、矿石、矿建材料码头堆场防风抑尘设施全封闭、半封闭改造及建设,防尘率达到 90% 以上,有效控制粉尘污染。

第 5 章

基于绿色发展理念的港口平面布置优化技术

5.1 基于绿色发展理念的港口平面布置原则

传统港口总体规划中的平面布置重点关注港口资源的建设与利用、临港及腹地运输需求等。基于绿色发展理念的港口平面布置强调港口开发和生态环境保护的协调发展。

基于绿色发展理念的港口平面布置原则如下：

(1) 因地制宜，顺应自然条件，尽可能减少大规模开挖及填筑。
(2) 优化港口平面方案，尽可能控制对周边环境的影响。
(3) 尽可能保持水体交换能力，保持甚至提升水体自净水平。
(4) 尽可能提高岸线、土地、海域等资源利用效率。

5.2 基于绿色发展理念的港口平面布置研究流程

5.2.1 基于绿色发展理念的新港区平面布置研究流程

一般而言，新港区平面布置研究流程包括以下几个步骤：

(1) 开展地形、水深测量，气象、海相等自然条件调查以及地质勘查等。
(2) 开展建港必要性、港区定位研究及运输需求预测。
(3) 基于上述调查和分析，初步制定港口平面布置方案。
(4) 开展港口潮流泥沙波浪模型、海岸地貌等专题研究，优化港口平面布置方案。
(5) 根据上述研究成果，确定最终方案。

基于绿色发展理念的港口平面布置研究强调在上述基础上，还需关注以下内容：

(1) 在开展地形、水深测量，气象、海相等自然条件调查以及地质勘查等的同时，同步开展港区周边环境敏感区域、人口集聚区的调查。
(2) 在初步制定港口平面布置方案时，充分考虑环境敏感区、人口集聚区的避让及远离。

(3) 在港口规划方案优化研究中，除关注重点区域的潮流、泥沙条件，港内泊稳条件等内容，还应同步考虑对周边水流条件、海湾纳潮量以及环境敏感区、人口集聚区的影响，加强水体交换能力，设置港口生态区等内容。

(4) 综合上述研究，确定最终方案。

新港区规划绿色港口平面布置研究流程如图 5-1 所示。

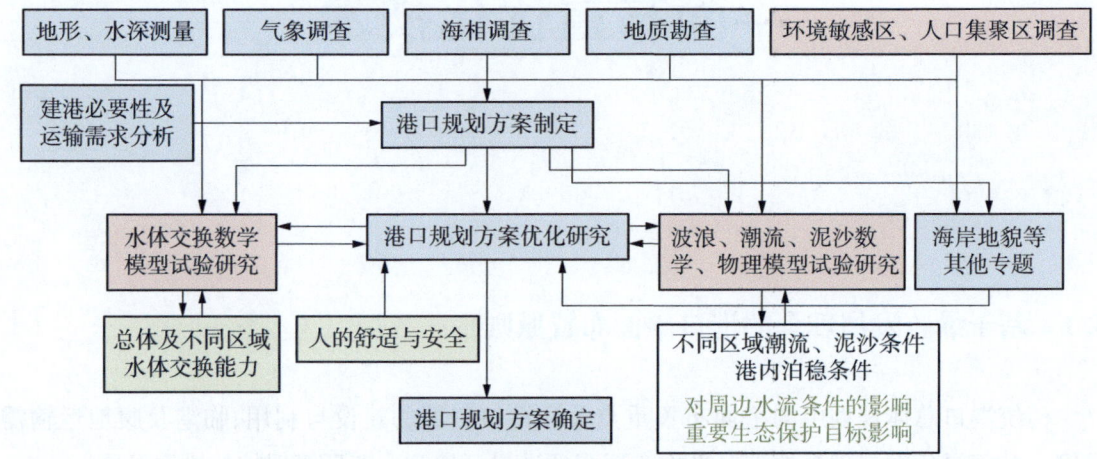

图 5-1　新港区规划绿色港口平面布置研究流程

5.2.2　基于绿色发展理念的既有港区规划修订或调整平面布置研究流程

一般而言，港区修订或调整平面布置研究流程包括以下几个步骤：

(1) 调查已建港口设施情况、岸线利用情况、港口生产运营情况、后方产业及城市发展情况等。

(2) 基于上述调查，开展港口发展现状及规划实施情况评估。

(3) 结合港口运输需求、后方产业等变化，开展港口规划方案优化研究。

(4) 根据上述研究成果，确定最终方案。

基于绿色发展理念的港区规划修订或调整研究强调在上述基础上，还需关注以下内容：

(1) 在调查已建港口设施情况、岸线利用情况、港口生产运营情况、后方产业及城市发展情况等的同时，同步开展港区周边环境敏感区域、人口集聚区的调查。

(2) 在对港口发展现状及规划实施评估的同时，参照本书第 3 章内容，开展基于绿色发展理念的港口发展基础评估。

(3) 在开展港口规划方案优化研究时，除考虑港口运输需求、后方产业等变化对于规划方案的影响，对新增规划方案，参照本书 5.3 节开展落实绿色发展理念的港区平面布置规划研究；对于既有规划方案的优化调整，除考虑港口运输需求、后方产业等变化对于规划方案的影响，宜加大绿色发展理念的考虑。具体地，对应于本书第 3 章评估结论对原港区平面布置规划方案予以优化调整，包括但不限于协调环境敏感区冲突、降低环境影响、引导岸线资源充分利用等，还可考虑港口生态区设置。

(4) 综合上述研究,确定最终方案。

既有港区规划修订、调整绿色港口平面布置研究流程如图 5-2 所示。

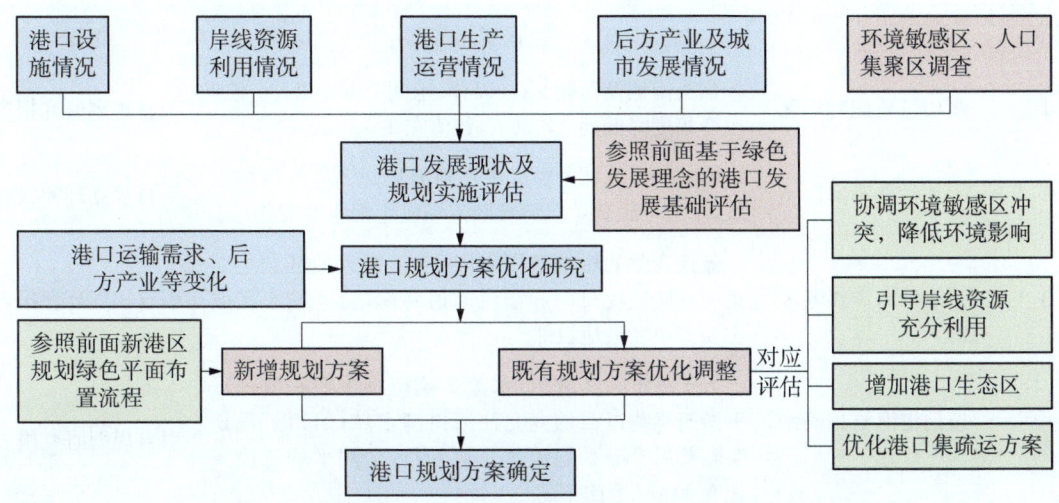

图 5-2　既有港区规划修订、调整绿色港口平面布置研究流程

5.3　基于绿色发展理念的港口平面优化内容及关键指标

基于绿色发展理念的既有港口规划方案优化调整内容和相关指标可对应本书第 3 章内容,本部分重点针对基于绿色发展理念的新港区港口平面优化内容及关键指标开展研究。

除关注传统的水流、泥沙、港内泊稳条件等外,建议从落实绿色发展理念角度,建立方案比选指标体系,同步考虑设置港口生态区等内容,开展落实绿色发展理念的港区平面布置优化工作。具体研究内容如下。

5.3.1　优化内容及关键指标

5.3.1.1　对周边水流及重要环境敏感目标的影响

1) 对周边水流条件的影响

在规划方案制定时应尽可能控制规划实施对周边水流条件的影响范围。可在潮流泥沙数学或物理模型研究中,提取规划实施前后全潮平均流速变化不超过某一数值(如 0.1 m/s)距离或全潮平均流速变化 5%、10% 距离等评价指标。

典型港口总体规划研究相关报告中规划实施流速变化范围见表 5-1。从表可以看到,规划研究报告或环境影响评价报告中一般会对该部分内容进行研究。从评价指标来看,采用流速变化不超过某个较小流速绝对值或不超过 5%、10% 指标均有。从研究结论来看,受港区平面布置及当地潮流条件的影响,规划实施引起的流速变化主要范围从几百米到十几千米不等。建议在规划研究阶段,即将控制对周边水流条件的影响作为重要研究内容和不同方案比选的重要方面。

表 5-1　典型港口规划实施流速变化范围

序号	港区	流速变化范围	备注
1	唐山港曹妃甸港区	甸头南侧及西侧 5 km 以外、东侧 10 km 以外,流速改变幅度降低到 2% 以下,数值在 1~2 cm/s	引自规划研究报告
2	大连港普湾港区	影响较大海域主要集中在填海周边 500 m 以内水域,不会导致普兰店海域潮流场发生根本性变化	引自规划环评报告
3	丹东港海洋红港区	流速变化的影响范围有限,流速增大的区域主要集中在防波堤口门和潮流通道两端,流速减小区域主要集中在港池根部	引自规划环评报告
4	厦门港海沧角美南港区	人工岛方案实施后,水流影响范围主要在浒茂洲下游至嵩屿以西的九龙江河口湾水域;给出了规划实施前后全潮平均流速差值分布;全潮平均流速变化 0.1 m/s 范围不超过 6 km	引自规划研究报告
5	大连港太平湾港区	整体流速、流向变化不大,影响范围基本在仙人岛至江石底之间,外海可至 −23 m 等深线附近;给出了全潮平均流速变化 5%、10% 等百分比图;5% 变化范围约 18 km,10% 变化范围约 16 km	引自规划研究报告
6	南通港通州湾港区	受规划方案影响,水流流态改变主要集中于港区周围,整个海域潮流场形态未发生根本改变;规划实施后流速变化不超过 0.10 m/s 的距离约 6.5 km	引自规划环评报告

2) 对环境敏感区的影响

在规划方案制定时应同步考虑规划实施对环境敏感区的影响。必要时,利用潮流泥沙数学或物理模型提取规划方案实施前后环境敏感区不同功能区流速变化、泥沙冲淤变化等指标,尽可能降低对周边环境敏感区的影响。

典型港口规划研究相关报告中规划实施对环境敏感区的影响见表 5-2。从表可以看到,目前多在规划环境影响评价报告中关注该内容和指标,在规划方案制定阶段关注该内容和指标的研究还不多见。建议在规划研究阶段即将控制规划实施对环境敏感区的影响作为重要研究内容和不同方案比选的重要方面。

表 5-2　典型港口规划实施对环境敏感区的影响

序号	港区	对环境敏感区的影响	备注
1	大连港普湾港区	近期规划实施斑海豹保护区流速最大绝对变化 −1.54 cm/s,最大相对变化 −4.33%;远期规划实施保护区流速变化范围 −1.06~1.09 cm/s,相对变化范围 −2.98%~2.99%;规划实施保护区冲淤环境变化小于 0.1 cm/a	引自环评报告

续　表

序号	港区	对环境敏感区的影响	备注
2	厦门港海沧角美南港区	鸡屿白鹭保护区：保护区西侧边缘呈流速减弱趋势，减幅0.15 m/s以内，其余区域流速变幅在0.05 m/s以内。 红树林保护区：平均流速变化多在0.02 m/s以内，最大流速变化多在0.05 m/s以内	引自规划研究报告
3	南通港通州湾港区	重点保护区全潮平均流速增加0.01～0.06 m/s，生态恢复区全潮平均流速增加0.01 m/s，适度利用区全潮平均流速增加0～0.02 m/s	引自环评报告
4	日照石臼港区	保护区涨潮流速最大变化9.1%，落流速最大变化8.7%，冲淤最大变化0.75 cm/a	引自环评报告

3) 对河口地区纳潮量的影响

规划方案在制定中同步考虑规划实施对河口纳潮量的影响。可在潮流数学或物理模型中提取规划实施前后河口纳潮量变化百分比等评价指标。

典型港口规划研究相关报告中规划实施对纳潮量的影响见表 5-3。不同港区规划方案对河口纳潮量影响不同。考虑纳潮量对整个海湾水环境的重要性，建议将纳潮量变化作为港口规划平面布置的重要考量因素之一，并尽可能减少规划方案实施对河口纳潮量的影响，影响不宜超过10%，最好不超过5%。

表 5-3　典型港口规划实施对纳潮量的影响

序号	港区	纳潮量	备注
1	大连港普湾港区	普兰店湾和内湾纳潮量减小在5%左右	引自环评报告
2	厦门港海沧角美南港区	推荐方案影响河口湾纳潮量减少幅度2.8%	引自规划研究报告
3	南通港通州湾港区	对小庙洪水道总体纳潮量影响为减小4%～5%	引自规划研究报告

5.3.1.2　水体交换能力

在规划方案制定时应同步考虑港内水体交换能力的改善。我国适宜建港的天然优良海岸线资源稀缺，为减少波浪、水流、泥沙等自然因素对港口开发的影响，我国沿海部分地区港口规划常采用长港池、单口门的环抱式布置形式。由于进出港池的潮流通道只有一个口门，相比自然状态，港池内水体交换能力减弱，对港池水环境和海洋生态环境有一定影响。因此，在港口规划阶段同步关注港内水体交换能力的改善是十分重要的。

根据国际航运协会等的研究，港内水体交换能力与纳潮比、港池长宽比、口门数等相关。

1) 纳潮比(tidal prism ratio，TPR)

$$\text{TPR} = V_{\text{tide}}/V_{\text{habor@high tide}}$$

式中　V_{tide}——涨潮时水体进入港池的总体积；
$V_{habor@high\ tide}$——高潮时港池水体总体积。

研究认为，要保证港内水体交换能力，TPR 不低于 0.25，不低于 0.35 更好，港池底部高程尽可能接近极端低水位对改善水体交换能力较为有利。

纳潮比定义如图 5-3 所示。

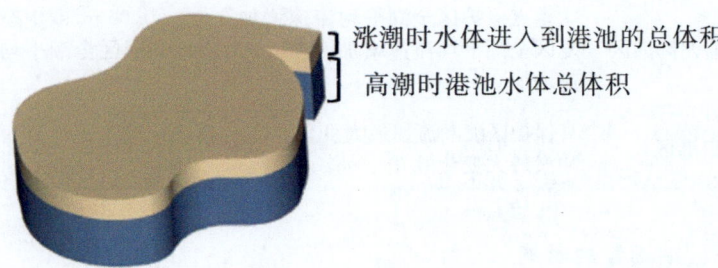

图 5-3　纳潮比定义

2）港池长宽比

研究表明：单口门港池的港池长宽比为 1 时，水体交换率最大；港池长宽比大于 1 时，水体交换率逐渐下降。

港池长宽比与水体交换率的关系如图 5-4 所示。

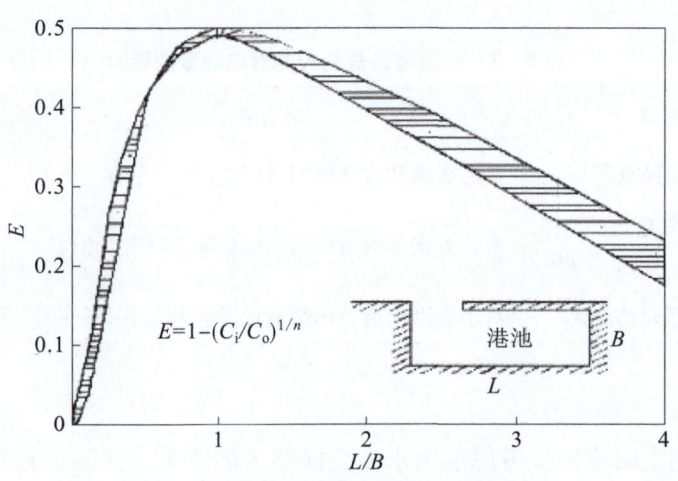

图 5-4　港池长宽比与水体交换率的关系

3）口门数

对于长宽比较小的港池，单口门且口门开口较大的港池水体交换相对较好；对于长宽比较大尤其是长宽比大于 4∶1 的港池，采取双口门形式在水体交换方面具备显著优势。单、双口门港池水体交换比较如图 5-5 所示。

数学模型方法是计算水体交换能力的常用方法，通常有粒子法和示踪剂法两种方法。粒子法采用水质点跟踪其运动轨迹，展示结果与取的粒子数有关系，粒子少的话可以看出大

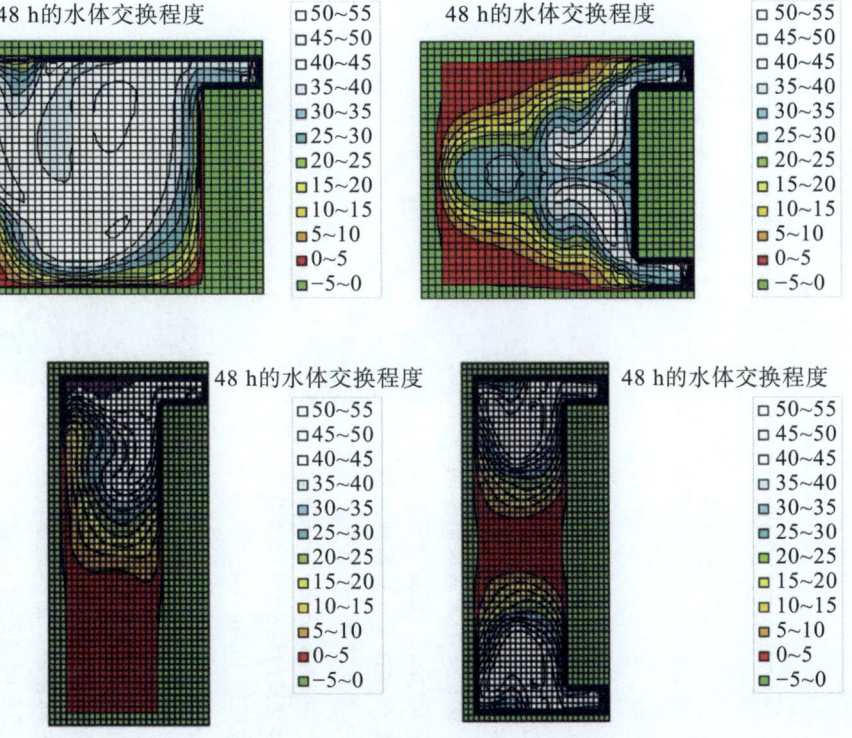

图 5-5　单、双口门港池水体交换比较

致的运动轨迹,多的话可以折算浓度、交换周期。示踪剂法也叫溶解态保守物质浓度扩散法,在潮流数学模型基础上,添加对流扩散模块对溶解性保守示踪剂在水域内随潮流输运过程进行模拟,通过示踪剂平均浓度的变化反映研究水域水体交换能力的强弱程度,在计算末期示踪剂浓度越小,表明海域对流-扩散作用越强,水体交换效果越好。相对而言,示踪剂法展示结果更直观。

水体交换能力的评价指标一般用 10 d、30 d 等不同时间各区域水体交换率或各区域半交换周期、90% 交换周期等。关于评价标准,目前国际航运协会、美国环保署等针对游艇等客运码头提出对于半日潮而言,在人工修筑围垦工程后,围垦区内水体交换率如能满足 4 d 交换 63%,则认为水体交换情况良好;如能满足 10 d 交换 63%,则认为水体交换情况尚可、一般;如需更长时间才能达到 63%,则认为水体交换情况较差。对于货运码头,目前尚无统一的标准。建议在规划方案研究中将规划实施前后、不同方案水体交换能力的变化情况作为方案比选的指标之一。

典型港区规划方案水体交换能力研究结果见表 5-4。从表可以看到,我国港口总体规划已开始逐步重视并关注水体交换问题。不同地区、不同形态港池水体交换能力不尽相同,以水体半交换周期为例,从几小时到二三十天不等。设置潮汐通道为改善水体交换能力的一般办法,但多个案例研究表明潮汐通道虽能在一定程度上改善港池与外部水体的交换情况,但也可能会影响港内泊稳、带来泥沙冲淤等问题,具体设置形式需综合水体交换、港口泊稳

表 5-4 典型港区规划方案水体交换情况

序号	港区	平均潮差	水体交换结论	备注	方案形态
1	唐山港曹妃甸港区	1~2.2 m	考虑了纳潮河设置以改善水体交换条件，未计算水体交换周期。结论：加大纳潮河过水断面总体有利于水体交换，增加宽度比增加深度更加有利于水体交换，但由于流速较缓，分流水量相对很小，加上口门的限制作用，使其总体对流速改变的影响作用十分有限		
2	大连港太平湾港区	1.5~3 m	自水体交换 10 d 后，近期方案总体、一港池和太平湖的水体交换率分别为 67%、75%和 59%；远期方案总体、一港池和太平湖的水体交换率分别为 54%、60%和 53%。自水体交换 30 d 后，近期方案总体、一港池和太平湖水体交换率分别为 86%、90%和 81%；远期方案总体、一港池和太平湖的水体交换率分别为 76%、78%和 73%	为避免 C 通道内部及通道出口附近流速过大，造成桥墩附近及通道底部的剧烈冲刷，同时保证太平湖区域游艇的正常安全航行，建议通道开口宽度不宜过大。根据潮流模型的计算结果，通道宽度取 50~100 m 较为合适，但兼顾水体交换的结论，建议通道最终宽度取 100 m 左右	
3	丹东港海洋红港区	3.8~4 m	潮汐通道的设置明显改善了港池与外部水体的交换情况，不同方案水体交换能力相差不大（不同方案的通道宽度和底深等），30 d 完成绝大部分水体的交换	潮汐通道设置后口门流速有所增加，应注意对船舶通行产生的影响。潮汐通道设置后，淤积问题严重，应该引起重视	

续 表

序号	港区	平均潮差	水体交换结论	备注	方案形态
4	南通港通州湾港区	$3\sim 4.4$ m，平均潮差达 3.5 m	港内不同区域水体交换能力存在显著差异。尽管通州湾海域平均潮差达 3.5 m，但港内外涨落潮的对流交换能力较强的仅在纵深 10 km 以内的区域。向北设置过水通道，港池底部水体半交换周期由 79 d 减为 5 d，中部由 47 d 减为 28 d	为避免港外浅滩区风浪掀沙对港池淤积的影响，过水通道直设置水闸，在大风浪影响时闭闸防淤，正常海况时开敞水闸改善港内水质	
5	南通港吕四环抱式港池	平均潮差 3.53 m	中港池、南港池的水体半交换周期为 $1\sim 3$ d，东港池为 $6\sim 8$ d，西港池为 $8\sim 12$ d。由于潮差较大，港池纵深有限，港池中部的回流增强了港内水体对流扩散，吕四港港池的水体交换能力总体较好		
6	福州港将军澳港区	潮流动力强	AB 段开口可有效改善东北角水体交换。半交换周期为 5 h，90% 交换周期为 26 h	开口大小综合水体交换、波浪、穿堂流三者平衡。暂推荐 170 m 方案，但具体开口尺度需根据设计方案通过后期船舶靠泊安全试验确定	

条件、通航安全、泥沙冲淤等综合确定。在水体交换相对较差的地方,应严格控制港内污染物排放。

5.3.1.3 对人舒适度、安全的影响

提取煤炭、矿石以及油气化工码头区布置与风向、环境敏感区的位置关系等指标,根据相关规范,煤炭、矿石码头区宜布置于人口密集区域等敏感区域全年常风向的下风向,油气化工码头区不宜布置在人口密集区域等敏感区域全年常风向的上风侧,与人口密集区的距离应经安全评估确定。

本书梳理了典型港口规划大气环境影响研究范围,见附录2。结果表明,$PM_{2.5}$污染物浓度降至10%距离一般在6 km范围内,TVOC污染物浓度降至10%距离一般在5 km范围内。

5.3.1.4 港口生态区设置

港口平面方案布置中宜尽可能考虑港口生态区的设置。港口生态区以打造自然和生态形态为主,宜结合港区周边环境敏感区分布、地形地貌、集疏运通道走向等设置,具有隔离、缓冲、生态修复补偿等单一或综合功能。

生态补偿区以德国不来梅港、法国勒阿弗尔港等为代表,为补偿港口开发造成的自然生态损失,上述港口均设置了一定生态补偿区域。具体可根据拟保护和补偿物种的习性合理选择区域,并采用补种移植、增殖放流、生境改良、船舶交通流引导、保护宣传等措施加强生态补偿区的生态保护。

生态屏障/缓冲区以唐山港曹妃甸、厦门海沧南等港区规划为代表,如唐山港曹妃甸港区在干散货码头区与产业园区,以及码头不同功能区之间设置纳潮河,以减小干散货码头作业区对园区以及不同功能区作业的影响。厦门海沧南港区规划研究中设置了宽约180 m、面积约3.8 hm^2的缓冲带以减小码头生产作业的光照、噪声等对鸡屿白鹭保护区的影响,如图5-6所示。生态屏障/缓冲区宜布置于港区与环境敏感目标之间以及不同港口功能区之间,

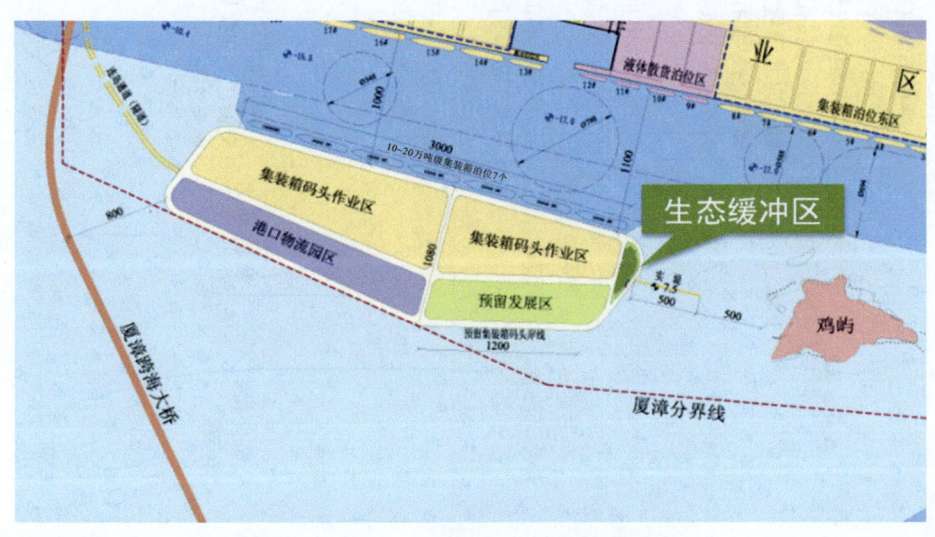

图5-6 厦门海沧南港区生态缓冲区设置

采用景观绿化、湿地涵养、山体阻隔等减缓港口作业对邻近环境敏感区以及港口不同功能区作业的影响。

综上所述,基于绿色发展理念的港口平面布置优化应关注内容和指标见表5-5。

表5-5 基于绿色发展理念的港口平面布置优化应关注重点内容和指标

关注内容	评价指标	指标类型	推荐标准
对周边水流及重要环境敏感目标的影响	对周边水流条件的影响	规划实施前后全潮平均流速变化不超过某一数值(如0.1 m/s)距离或全潮平均流速变化5%、10%距离	P
	对环境敏感区的影响	规划实施前后环境敏感区不同功能区流速变化趋势及幅度、泥沙冲淤变化趋势及幅度	P
	对河口地区纳潮量的影响	规划实施前后河口纳潮量变化百分比	K	原则上不超过10%,最好不超过5%
水体交换能力	水体交换率或水体交换周期变化	P	
对人舒适度、安全的影响	煤炭、矿石码头区与风向、环境敏感区的位置关系	K	煤炭、矿石码头区应布置于居民区、风景名胜区常风向的下风向
	油气化工码头区与风向、环境敏感区的位置关系	K	油气化工码头区、罐区不宜布置在人口密集区域等敏感区域的全年常风向的上风侧,距离满足安全距离
港口生态区设置			尽可能设置,具有隔离、缓冲、生态修复补偿等单一或综合功能

注:P为评价及比选指标,K为控制指标。

5.3.2 案例

5.3.2.1 北部湾港企沙南港区开发方案研究

根据2017年交通运输部、广西壮族自治区人民政府批复的《防城港港口总体规划(2016—2030年)》,规划企沙港区为以大宗干散货和杂货、液体化工品转运为主的大型综合性港区,兼顾为临港工业服务,其中企沙南作业区规划发展大宗干散货、集装箱和杂货运输,建设港口支持系统。

作业区规划呈不对称的王字形。作业区西侧布置两个东西向的挖入式港池,作业区东侧也布置两个东西向的挖入式港池。作业区东、西两侧港池之间陆域宽 1 600 m。作业区南侧建设防波堤。作业区划分为多用途泊位区、件杂货泊位区、散货泊位区、集装箱泊位区和港口辅助配套区。规划港口岸线 38.5 km，陆域面积 4 193.4 hm^2，年通过能力约 61 600 万 t。企沙南港区（原企沙南作业区）原规划方案如图 5-7 所示。

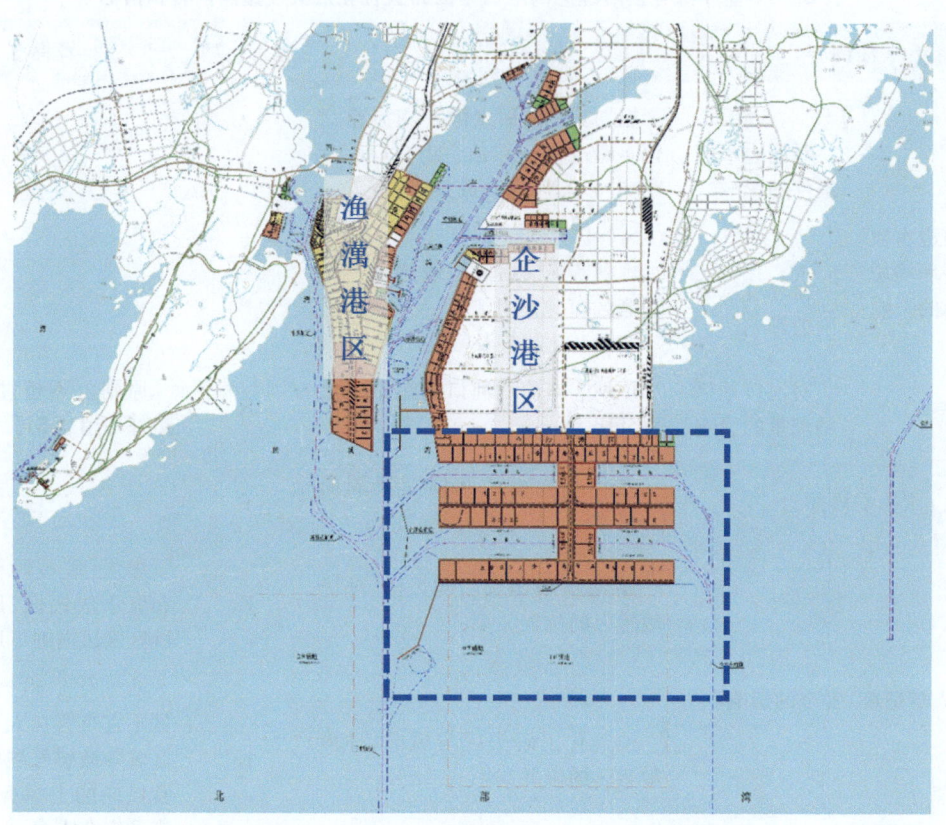

图 5-7　企沙南港区（原企沙南作业区）原规划方案

企沙南作业区尚未开发，作为北部湾港疏解港城矛盾、实现可持续发展的重要后备资源，迫切需要开展新港区开发方案研究。依据北部湾港总体规划的总体安排，企沙南作业区将提升为企沙南港区。经分析，企沙南港区规划区域基岩埋深浅，原王字形规划方案中西侧 1♯ 港池中风化基岩顶面标高普遍在 −6～−8 m，港池开挖代价巨大，东侧可开挖性较好的区域岸线资源利用又不充分，开发代价大；且原王字形规划方案主要基于"长岸线、窄陆域，追求扩大码头能力"的布置理念，形成码头岸线 38.5 km，规划港口通过能力 6.2 亿 t，规模体量很大，但规划陆域空间相对偏少，并存在局部阻隔水体交换、集疏运交通组织难等问题。基于此，从落实绿色发展理念的角度开展企沙南港区优化方案研究。

1）因地制宜制定初步方案

从地质勘查成果来看，规划区域风化基岩面西部较高，东部尚可，局部有深坑和陡坡；从波浪条件来看，西南-东南向浪需要掩护。综合其他自然条件因素，充分考虑因地制宜、顺应自然条件的原则，初步制定第一轮方案，见表 5-6 和图 5-8。其中，方案 1 与其他方案区别主要在口门数量的不同,方案 2~4 主要区别为南防波堤离岸距离不同(方案 4 南侧防波堤位置与上版《防城港港口总体规划(2016—2030 年)》中方案位置一致)。

表 5-6　初步方案的港域纵深、南防波堤位置和港池深度等尺度统计

方案	口门数量	港区陆域纵深/km	港区进港水域宽度/km	南端防波堤离岸距离/km	港区内港池深度/km
方案 1	单	4	2	6	2
方案 2	双	4	2	6	2
方案 3	双	4	1.5	5.5	2
方案 4	双	5.1	2	7.1	3

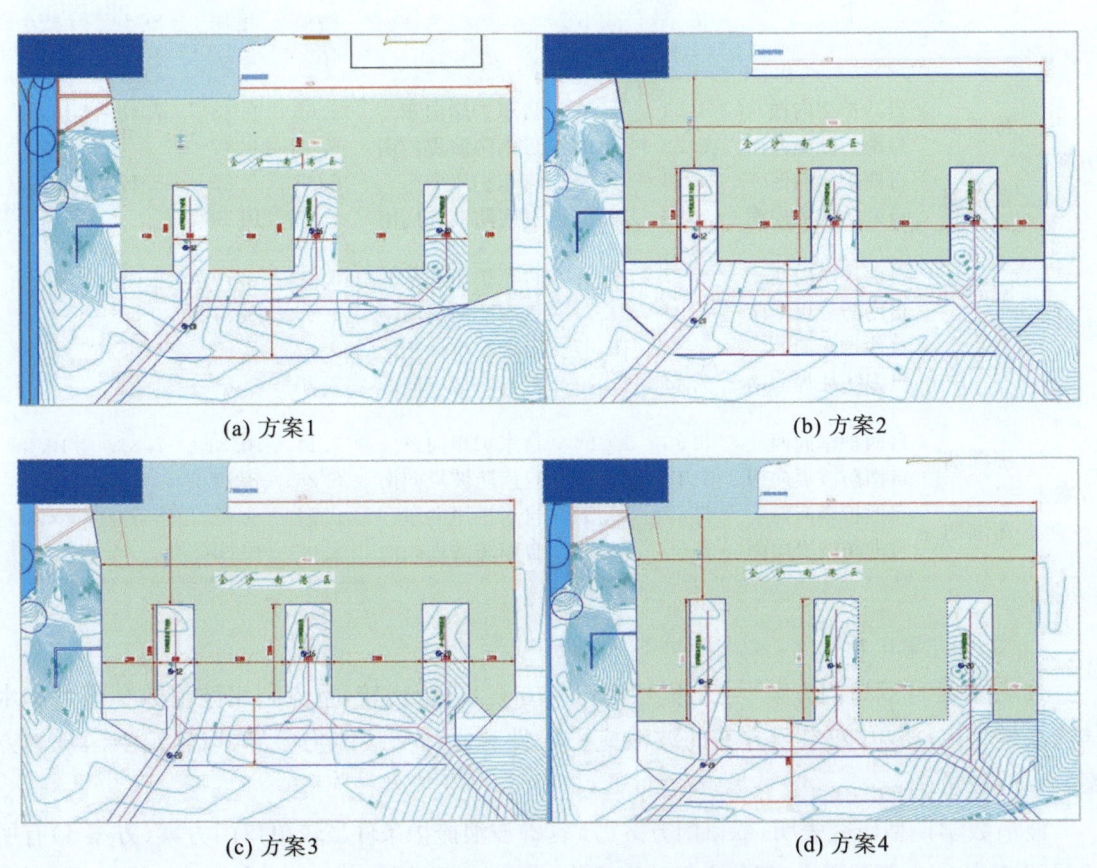

图 5-8　企沙南港区规划初步方案设置

2) 初步方案比选重点:控制方案对周边水流条件的影响

南防波堤位置为初步方案比选重点,以确定港区规划总体规模。为比选方案实施对周边水流条件的影响,将规划实施后流速变化百分比 5%、10% 的距离作为方案比选的重要指标,尽可能降低规划方案实施对周边水动力环境的影响。利用潮流数学模型,计算方案 2~4

实施引起的水动力条件的变化,提取平均流速变化5%、10%范围指标见表5-7。研究结果表明,规划区域潮流动力相对较弱,大潮期涨、落潮平均流速分别不超过0.2 m/s、0.3 m/s。虽然规划方案会改变区域局部流态,但总体流速变化不大,各规划方案对周边潮流动力影响的差距很小,且对周边现状典型航道、码头区的影响也不大,横流极值变幅均不超过0.01 m/s,一定程度上对三牙航道还起到了归顺水流的作用。因此,规划港区方案2～4对周边潮流动力环境的影响均可接受。

表5-7 企沙南港区规划方案实施引起平均流速变化5%、10%等值线延伸最远距离

单位:km

方案	潮段	南防波堤西端（流速减小区）			南防波堤东端（流速增加区）			企沙南港区东北端（流速减小区）	
		延伸方向	流速减小10%	流速减小5%	延伸方向	流速增加10%	流速增加5%	流速减小10%	流速减小5%
方案2	涨潮期	自西护岸向西	4.34	8.60	自东护岸向东	6.65	9.43	7.48	9.83
		自南防波堤向南	6.22	11.94	自南防波堤向南	6.01	8.47		
	落潮期	自西护岸向西	4.13	16.45	自东护岸向东	6.38	8.85	5.17	8.31
		自南防波堤向南	7.93	12.86	自南防波堤向南	7.81	10.38		
方案3	涨潮期	自西护岸向西	4.17	8.23	自东护岸向东	6.16	8.77	7.07	8.85
		自南防波堤向南	5.94	11.21	自南防波堤向南	5.68	8.31		
	落潮期	自西护岸向西	3.82	16.37	自东护岸向东	5.72	7.95	4.65	7.50
		自南防波堤向南	7.44	12.12	自南防波堤向南	7.20	9.66		
方案4	涨潮期	自西护岸向西	5.80	10.54	自东护岸向东	7.11	10.31	7.81	10.59
		自南防波堤向南	7.18	12.90	自南防波堤向南	6.25	8.77		
	落潮期	自西护岸向西	5.47	16.55	自东护岸向东	6.94	9.77	8.53	5.41
		自南防波堤向南	8.65	13.79	自南防波堤向南	8.07	10.98		

3) 初步方案比选重点:波浪掩护条件、水体交换能力

选取方案2(双口门方案)与方案1(单口门方案)进行比较,重点利用波浪数学模型和水体交换模型,分析单、双口门方案的波浪掩护条件和水体交换能力差异,以确定港区规划方案的口门数量。

波浪数学模型研究表明,双口门方案(方案2)波浪掩护条件虽较单口门方案(方案1)有所减弱,但整体能力相差不大,部分入射波高比值较高处分别位于1#港池东侧、3#港池西侧等,SE～SSE～S方向波浪作用下3#港池口门及东侧突堤的波高比值为0.4,S～SSW～SW方向波浪作用下1#港池口门以及东侧突堤的波高比值为0.2～0.4,但整体水平相差不大。

水体交换模型研究表明,双口门方案(方案2)水体交换能力较单口门方案(方案1)有明显提升,三个港池在整体试验评价中半交换周期均不超过7 d,在分港池试验评价中半交换周期均不超过3 d,分别远低于方案1的12～67 d(最大超90 d)、2.4～14.6 d的水平。

4) 方案优化重点:提升波浪掩护条件,提升水体交换能力

在初步方案研究的基础上,为进一步提高1♯港池口门两侧突堤至西防波堤对港内的S~SSW~SW方向波浪作用的掩护作用,在初步方案2的基础上进行优化:

一是将1♯港池的口门宽度由800 m缩窄为600 m,并向东侧偏移200 m,优化西航道与突堤相对布置空间形态,提高1♯港池东侧掩护条件。

二是按照生态优先、落实重大项目等要求,立足蝴蝶岭无居民海岛保护要求等客观实际,规划港区北侧水流交换通道,有效宽度介于300~729 m;将各港池与北侧水流交换通道连通,其中1♯港池与北侧通道连接的通道宽度规划为400 m,服务于海河联运小船换装。北侧过水通道也在一定程度上隔离了港口作业对后方城市的影响,起到缓冲、隔离的作用。

优化规划方案平面布置如图5-9所示。

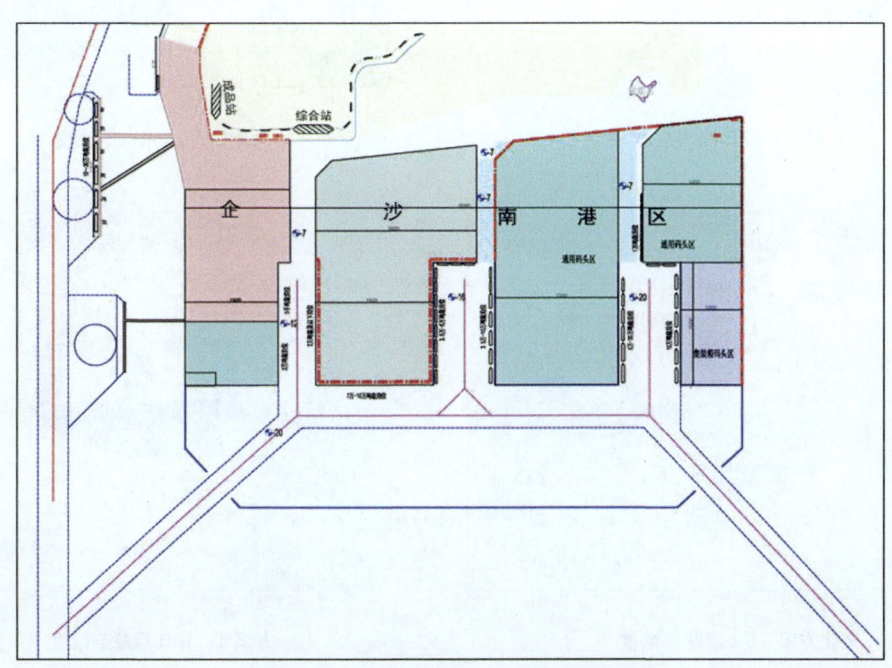

图5-9 企沙南港区规划优化方案

分别采用潮流数学模型、波浪数学模型及水体交换数学模型对优化方案的水动力条件、波浪掩护条件以及水体交换能力进行研究。潮流数学模型研究结果与初步方案大体接近。波浪数学模型研究结果表明,优化方案的1♯港池东侧泊位掩护效果得到一定改善,当布置2万吨级泊位时不可作业折合天数也对应减少,不可作业天数折合为9 d;3♯港池西侧中部布置5~20万吨级泊位时,泊位等级相对较高,不可作业天数折合为7 d,掩护条件提高。水体交换模型研究结果表明,港区整体评价的半交换周期研究成果中,优化方案A1~A3港池的半交换周期为1 d、3 d和5 d,整个港区的半交换周期进一步降低为1.8 d,水体交换能力较初步方案又有了较大提升。

综合潮流数学模型、波浪数学模型、水体交换数学模型的研究结果,从提升港池内波浪

掩护条件、改善水体交换能力的角度，推荐优化方案为企沙南港区规划方案，可以在该方案的基础上进一步开展细化研究工作。

不同规划方案不同时间示踪剂浓度如图 5-10 所示。

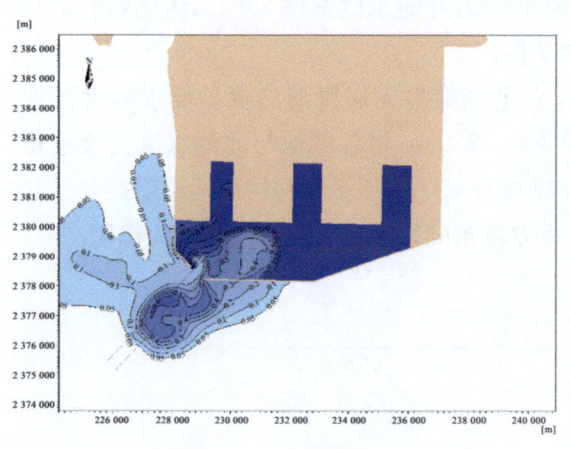
方案 1　5 d 示踪剂浓度

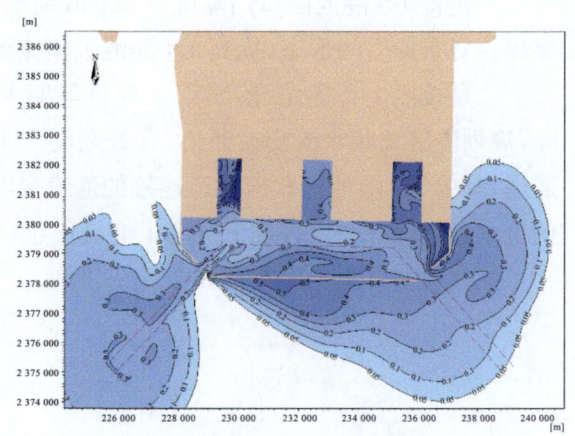
方案 2　5 d 示踪剂浓度

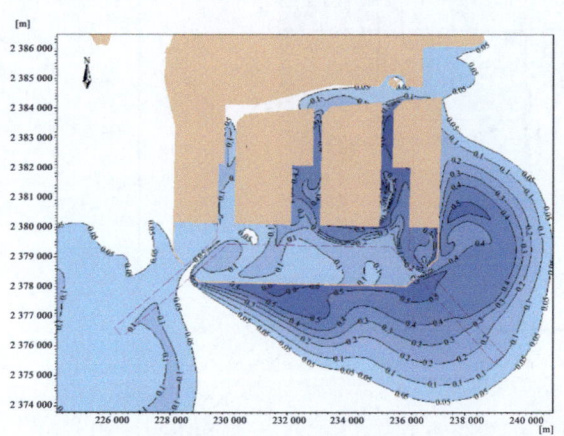
优化方案　5 d 示踪剂浓度

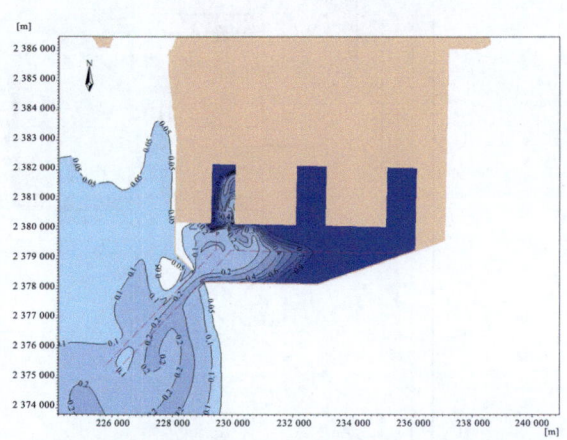
方案 1　10 d 示踪剂浓度

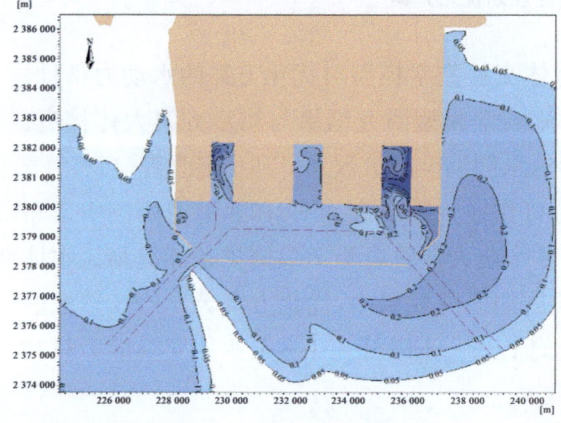
方案 2　10 d 示踪剂浓度

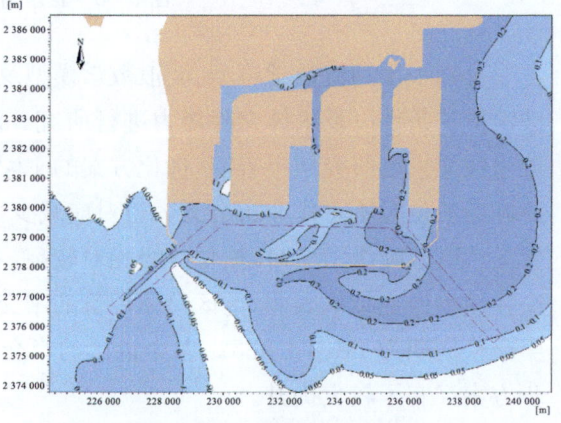
优化方案　10 d 示踪剂浓度

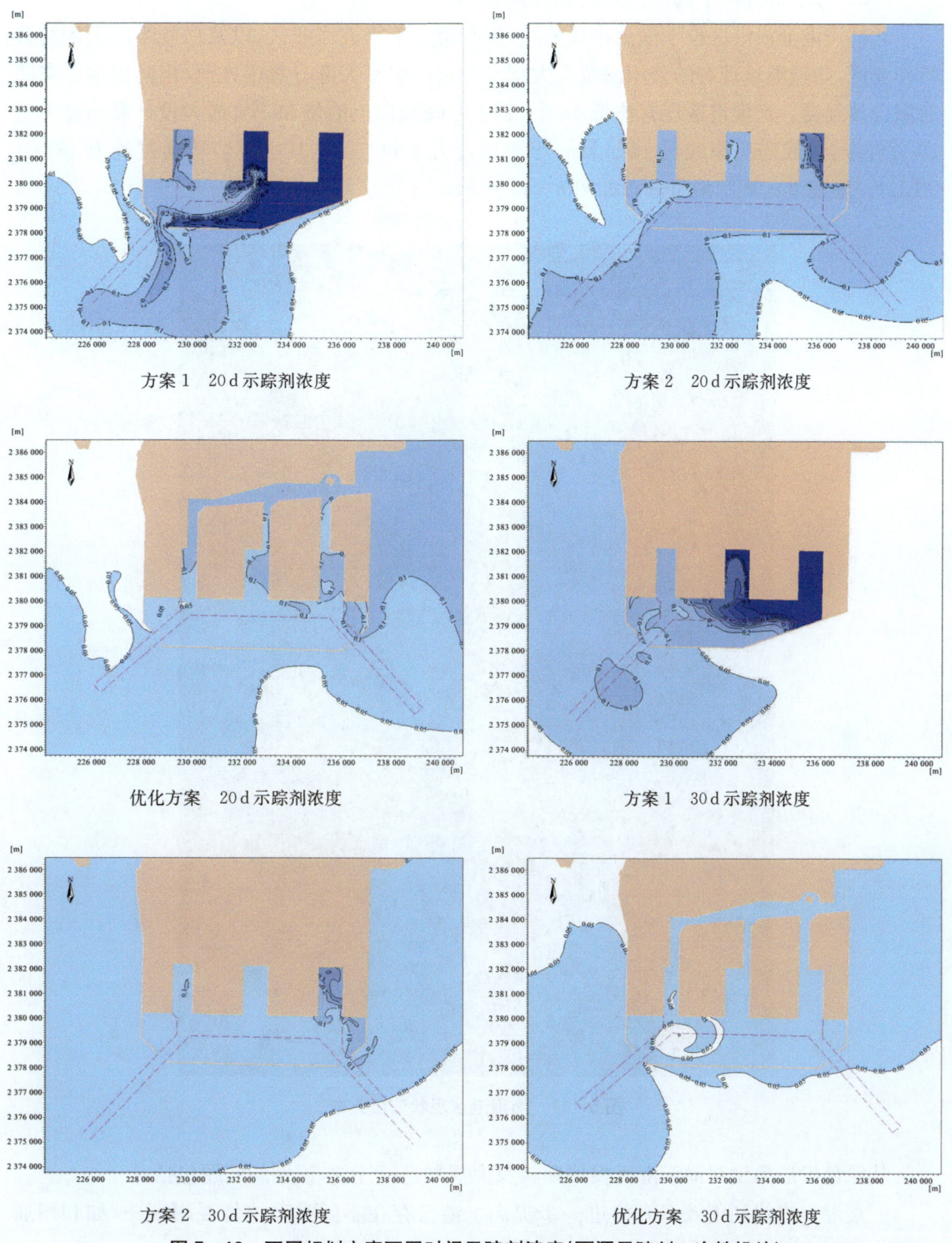

图 5-10 不同规划方案不同时间示踪剂浓度(面源示踪剂一次性投放)

5.3.2.2 北部湾港渔澫港区规划方案研究

北部湾港渔澫港区位于渔澫半岛南端,现有第一至第五作业区,以及白龙半岛东侧马鞍岭作业区,防城港域现有的公用泊位及大型专业化泊位绝大部分集中在此,由防城港务集团有限公司经营。渔澫港区现有泊位48个,其中万吨级以上泊位39个,最大设计靠泊能力为20万吨级,形成码头岸线长11.4 km,年通过能力6 590万t(其中集装箱通过能力187万TEU)。渔澫港区现状泊位分布如图5-11所示。

图5-11 渔澫港区现状泊位分布

从绿色发展角度对渔澫港区发展现状及原规划进行评估,识别的问题包括:

一是港口岸线利用效率有待进一步提高。港区存在不同类型泊位混用现象,如利用通用码头装卸矿石、煤炭等大宗散货,整体装卸效率有待进一步提升。

二是港区后方紧邻城区,疏港车流穿越城区,且集疏运量较大,如带来较大的大气、噪声等交通污染。

三是原规划的第六作业区(图 5 - 12)需要围填形成陆域,平面布置形态有待进一步优化。

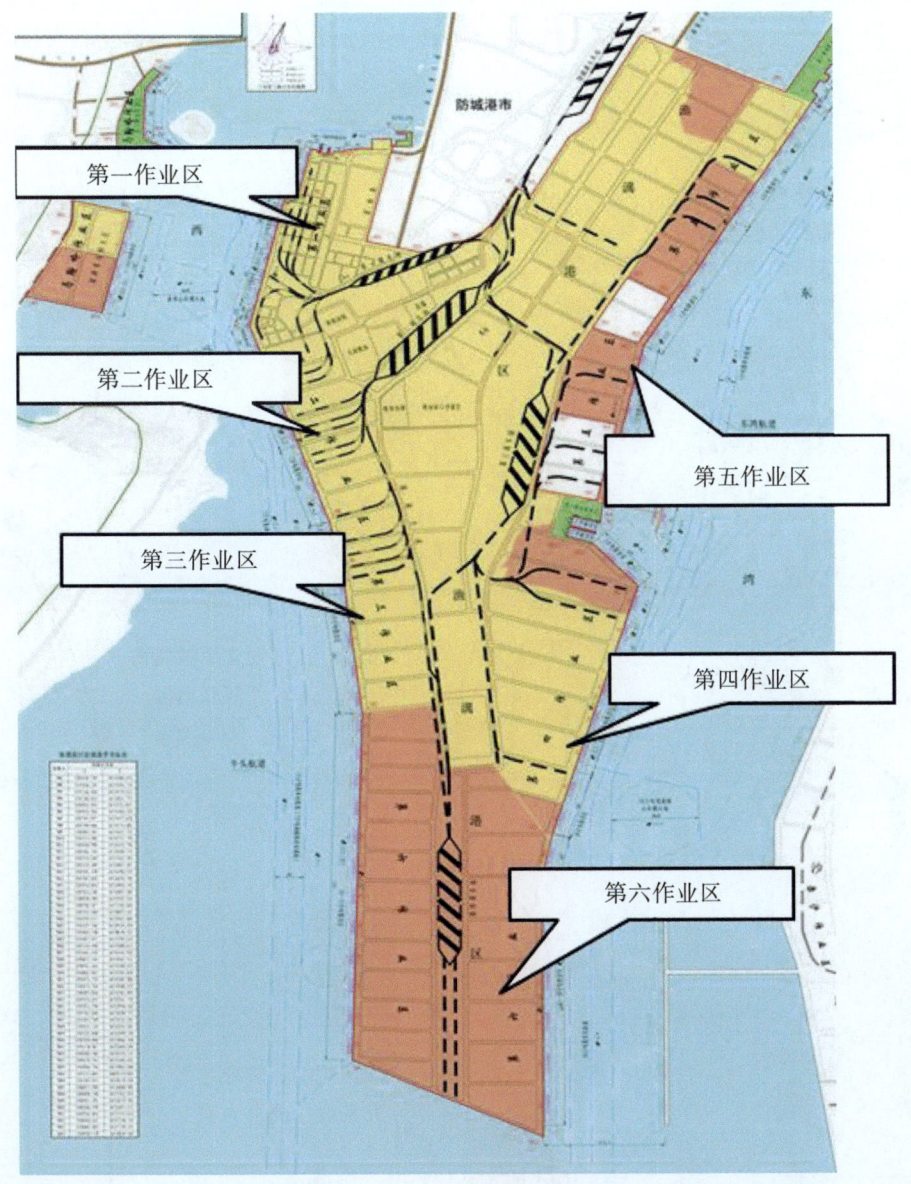

图 5-12 渔澫港区原规划方案

基于上述问题,按照集约、节约、高效利用港口资源,降低环境影响等原则,开展规划方案平面布置优化工作。具体内容包括:

(1) 将渔澫港区第一作业区 3 号泊位以北,视城市发展需要逐步调整为客运、邮轮功能,远期视客运发展需求研究中级泊位以北调整为客运、邮轮功能的方案。

(2) 对第三作业区既有小码头进行整合升级,形成规模化、专业化码头区。

（3）压减渔澫港区第六作业区规模，将原连岸方案改为整体离岸形式，保留水体交换通道，减少对周边环境的影响（图5-13）。

图5-13 渔澫港区优化规划方案

（4）在渔澫港区第四作业区设立铁矿石、铝矾土等干散货水水中转码头区，满足盛隆等临港企业及平陆运河干散货海河联运需求（图5-14）。

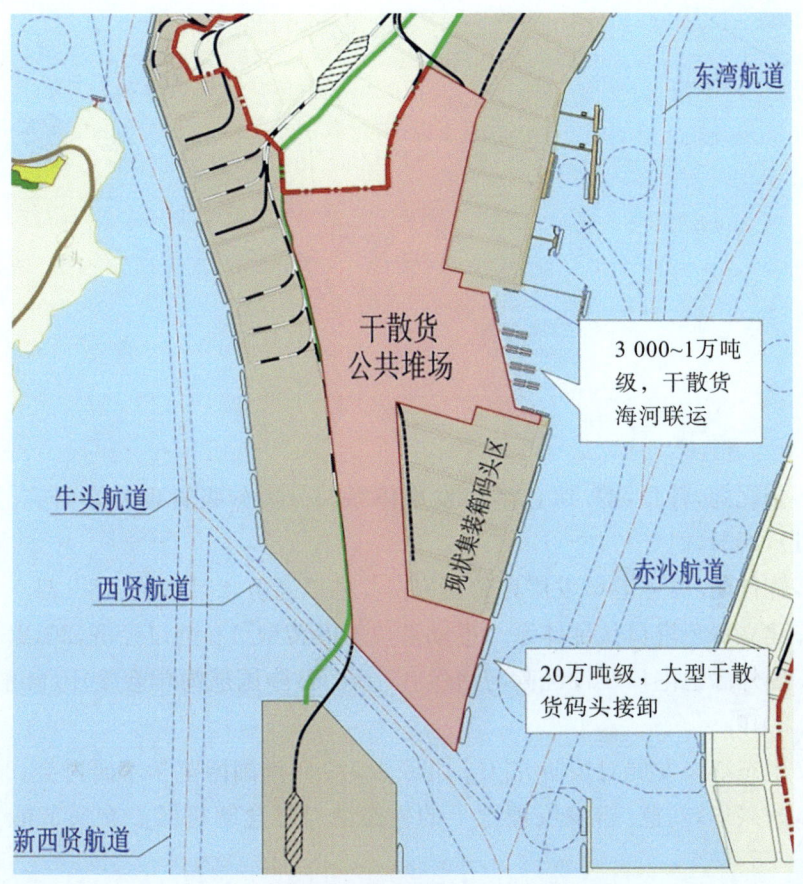

图 5-14　渔㲼港区干散货海河联运方案

参考文献

[1] 孙正春,张妮妮,韩兵,等.绿色港口发展体系及分类分级管理方案研究[J].中国水运(下半月),2021,21(5):18-19.

[2] 刘翠莲,鞠佳萌.绿色港口发展评价研究[J].港口经济,2017(8):18-21.

[3] 彭传圣.建立绿色港口认证体系 推动港口发展转型[J].港口经济,2012(1):10-13.

[4] 蔡丽娜.国外绿色港口建设经验与启示[C].北京:中国航海学会2010年船舶防污染学术年会,2010.

[5] 邵丽红.生态港口发展对策研究[C].北京:2019年南国博览学术研讨会,2019.

[6] 孟亚飞,胡兴华,刘芭.新发展理念下的生态港口概念解析[J].交通节能与环保,2020(4):32-35.

[7] 李辉.我国绿色生态港口发展现状及对策研究[J].中国水运(下半月),2020(2):27-28.

[8] 李庆祥,王妮妮.开展"近零碳港口"建设的思考和分析[J].交通节能与环保,2021,17(5):18-21.

[9] 毕志远,薛宝明,唐继波.基于低碳环保的绿色港口转型升级应用案例[J].中国港口,2021(12):57-59.

[10] 李美贞.创新发展、务实推进绿色生态港口建设[J].中国港口,2021(9):61-64.

[11] 付春东.我国绿色港口发展的现状及趋势分析[J].东方企业文化,2015(9):368.

[12] 薛菲菲.国能黄骅港绿色港口建设经验和思考[J].中国水运,2022,22(12):5-7.

[13] 董晓青.绿色港口发展现状及构建的浅析[J].物流工程与管理,2015,37(2):10-11.

[14] PIANC. Protecting water quality in marinas [R]. PIANC, 2008.

[15] PIANC. Masterplans for the development of existing ports [R]. PIANC, 2014.

[16] Ecoshape. Building with nature [R]. European Regional Development Fund, 2012.

[17] 吴小芳.绿色港口规划的理论和方法研究[D].青岛:中国海洋大学,2014.

[18] 左天立,查雅平,聂向军,等.生态型港口规划理念研究[J].水运工程,2017,528(5):56-61.

[19] 陈旭,刘智慧,曹莹,等.基于集约绿色发展的襄阳港总体规划[J].水运工程,2021,588(11):33-38.

[20] 韩卫东,张玮,陈祯,等.环抱式港池水体交换效果影响因素研究[J].科学技术与工程,2015,15(9):258-265.

[21] 王金华,章卫胜,张金善,等.连云港港旗台作业区及防波堤工程前后水体交换能力研究[J].水运工程,2016(4):17-28.

[22] 李蕊,姚姗姗,丁文涛,等.基于改善水体交换能力的环抱式长港池布置优化[J].水运工程,2021,579(2):38-43.

[23] 徐武周.流场和泥沙对生态型港口平面布置优化的影响[D].大连:大连理工大学,2018.

[24] 周芳,陈明波.港口建设对水动力和水环境的综合影响[J].水运工程,2020,9(573):96-101.

附 录

附录 1　国内外绿色港口评价方法及指标调研

1. 国外绿色港口评价体系

1) 亚太绿色港口奖励计划

（1）评价体系概况。亚太绿色港口奖励计划（Green Port Award System，GPAS）是由亚太港口服务组织（APEC Port Services Network，APSN）制定的一个针对亚太港口的绿色港口评估机制。APSN一直致力于推动亚太港口的绿色发展，GPAS是其亚太地区绿色港口建设工作中不可或缺的部分。APSN在制定GPAS时借鉴了欧洲生态港和北美绿色港的绿色港口评价体系，但GPAS与这两个体系的标准又不尽相同，APSN结合亚太地区港航的实际情况对评价内容和指标等做了针对性调整。APSN从2011年起开始制定GPAS实施方案，先后于2014年、2015年开展了两次试运行，完成实施计划、组建专家库等相关工作后，2016年GPAS正式实施。任何在过去2年及以上的时间段内，在绿色港口建设领域取得显著进展的港口（港航主管部门和企业），都可以申请加入亚太绿色港口奖励计划。

（2）评价体系关注重点。亚太绿色港口奖励计划的评价体系重点关注申请单位建设绿色港口的承诺和意愿、行动和实施情况以及实施效率效果三个领域。附表1-1为亚太绿色港口奖励计划的评价指标体系。

附表 1-1　亚太绿色港口奖励计划的评价指标体系

第一级指标指标名称	权重/%	第二级指标指标名称	权重/%
承诺和意愿	25	绿色港口发展意识和意愿	60
		绿色港口宣传和推广	40

续 表

第一级指标指标名称	权重/%	第二级指标指标名称	权重/%
行动和实施	50	清洁能源	15
		节能措施	30
		环保措施	40
		绿色管理	15
效率和效果	25	节能表现	40
		环保表现	60

注:引自 https://cn.apecpsn.org/apsn/GPASzbtx.jhtml。

(3) 评价(认证)工作流程(附图 1-1)。

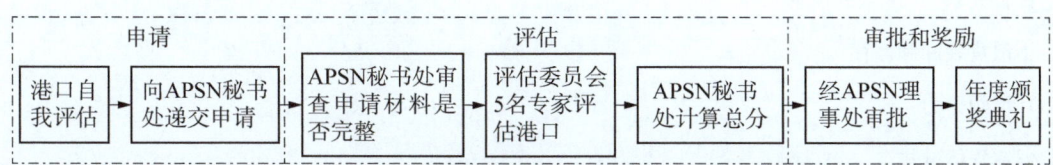

附图 1-1 亚太绿色港口奖励计划绿色港口评价流程图

(4) 国际认可度及港口应用现状。GPAS 的目标是促进和激励亚太港口走绿色和可持续发展道路,为亚太港口提供全面、科学、合理和系统的绿色港口发展指南,搭建进行绿色港口最佳实践的国际交流平台。对于参与其中的港口,GPAS 将起到增强环境生态保护意识、升级可持续发展战略、协助履行社会责任与义务、塑造国际品牌与知名度、提升国际话语权和影响力的作用。

截至 2019 年年底,有近 30 个码头获亚太绿色港口奖励计划的奖励。我国获奖的码头企业有上海国际港务(集团)股份有限公司尚东集装箱码头、厦门远海集装箱码头、蛇口集装箱码头有限公司、连云港新苏港矿石码头、青岛新前湾集装箱码头、国能黄骅港务有限责任公司。GPAS 为亚太地区绿色港口发展提供了全面、科学、系统、合理的指导,引导并极力推进亚太地区港口走可持续发展道路。

2) 北美绿色航运计划

(1) 评价体系概况。2007 年,由美国和加拿大的航运公司发起成立的北美绿色航运协会(Green Marine,GM)创建了北美绿色航运计划(Green Marine Environmental Program,GMEP)。GMEP 体系提供了一个减少航运业对环境影响的框架,该项目的参与者需要针对特定环境评价指标,保持逐年改进的状态,以保持绿色港口认证许可状态。GMEP 认证参与港口需要完成年度自我评估,并根据评估结果确定不同水平分级(1~5 级),GM 每两年对参与 GMEP 项目的港口开展一次核查认证,以确保认证结果严格规范,每年都会公布认证结果以保证透明公开。GM 得到由环保组织和政府机构组织搭建的多元化网络的支持,从而顺利推进 GMEP 实施。

(2)评价体系关注重点。北美绿色航运计划对不同类型的航运企业开展认证的关注重点不同,具体见附表1-2。针对附表1-2中的评价指标,企业每年自查评估后确定不同的水平等级见附表1-3。

附表1-2　北美绿色航运计划的评价指标体系

评价指标	参与者		
	船东	港口和航道	码头和造船厂
水生生物物种入侵	√		
货物残余	√		
社会影响		√	√
社会关系		√	√
干散货装卸和储存		√	√
环境领导力		√	√
温室气体减排	√	√	
含油废水排放	√		
氮氧化物排放	√		
二氧化硫和颗粒物排放	√		
船舶回收	√		
泄漏等环境风险防控		√	√
水下噪声	√	√	
固废管理		√	√

附表1-3　北美绿色航运计划的评价水平分级

等级	要求
一级	符合绿色航运的基本指导原则
二级	系统实施了一定数量的先进的绿色港口建设技术
三级	环境管理全面引入最先进的绿色港口建设技术经验并将环境影响控制在较低水平
四级	引进应用新技术,并实现减排目标
五级	卓越的绿色港口建设领军者

(3) 评价（认证）工作流程（附图 1-2）。

附图 1-2　北美绿色航运计划评价流程图

（4）国际认可度及港口应用现状。GMEP 评价（认证）以北美地区的港口为主。截至 2020 年年底，北美绿色航运计划共有 390 个成员，90% 以上的参与者能得到二级以上的认证（附图 1-3）。

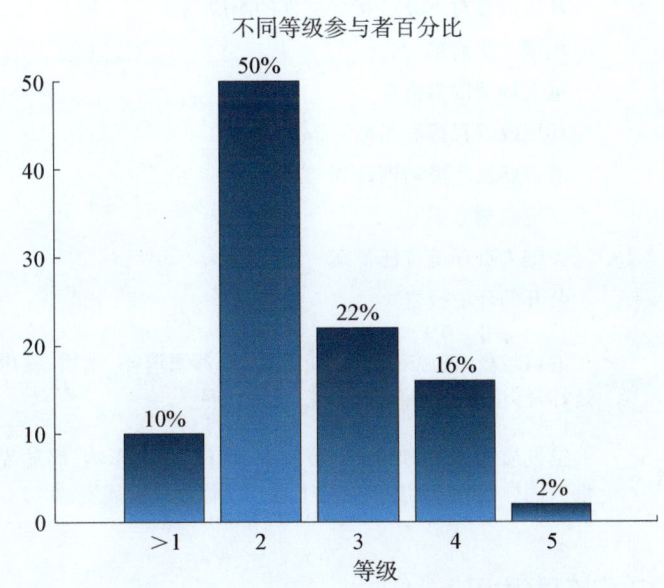

附图 1-3　北美绿色航运计划评价应用现状

3）欧洲生态港认证体系

（1）评价体系概况。1993 年成立的欧洲海港组织（European Sea Ports Organization, ESPO）将绿色低碳港口纳入其主要推动项目，为让港口积极主动关注环境问题和履行环境责任，特别发布一个环境实施法则，并要求所有成员国签署，继而成立专门检查环境政策和实施方式的委员会。

欧洲生态港认证体系（Ecoports）是欧洲港口部门的自发性环境倡议方式，在 1997 年由多个港口发起，并已全面整合，自 2011 年起加入 ESPO。Ecoports 通过在港口之间分享知识和经验，有助于提高港口对环境问题的认识，实现良好做法和持续改进。Ecoports 通过港口自我诊断法（self diagnosis method, SDM）和港口环境评审系统（port environmental review system, PERS）来评价港口在生态建设方面的成绩。

（2）评价体系关注重点。欧洲生态港认证体系的关注重点随着全球环保形势的变化不断更新，例如：2016 年的 10 项关注重点依次为空气质量、能源消耗、噪声、社区影响、港口固体废物、船舶废物、土地开发等港口发展资源、水环境质量、粉尘和疏浚影响；2020 年的 10 项关注重点更新为空气质量、气候变化、能源效率、噪声、社区影响、船舶废弃物、水环境质量、港口固体废物、疏浚影响和土地开发等港口发展资源。

欧洲生态港认证体系的评价指标体系见附表 1-4。

附表 1-4 欧洲生态港认证体系的评价指标体系

指标	内容
环境管理指标	环境管理体系认证 环境政策 环境政策对 ESPO 指导文件的响应 环境立法清单 重大环境因素清单 环境改善目标和指标 港口雇员环境培训计划 环境监测方案 关键人员环境责任备案 公开的环境报告
环境监测指标	港口垃圾、能源效率、空气质量、水资源消耗、水质、噪声、沉积物质量、碳足迹、海洋生态系统、陆地生境、土壤质量
十大环境优先事项	空气质量、气候变化、能源效率、噪声、社区影响、船舶废弃物、水环境质量、港口固体废物、疏浚影响和土地开发等港口发展资源

(3) 评价（认证）工作流程（附图 1-4）。

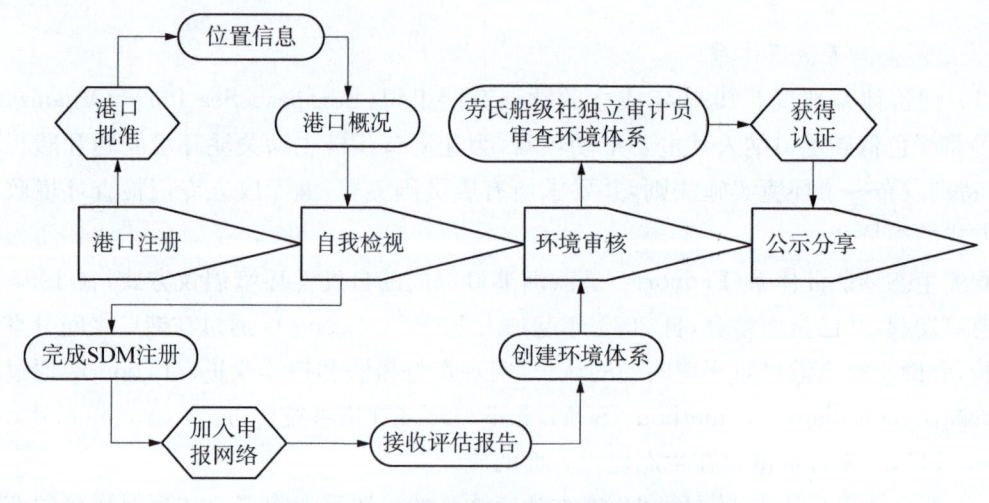

附图 1-4 欧洲生态港认证体系评价流程图

(4) 国际认可度及港口应用现状。欧洲生态港认证体系面向全球港口开放，申请及获得生态港认证已成为全球港口转型的指标。截至 2021 年，全球已有 21 个国家的 99 个港口获得 ESPO 生态港的认证，包括荷兰的阿姆斯特丹港、英国的伦敦港、瑞典的斯德哥尔摩港以及挪威的奥斯陆港等。

国外绿色港口评价指标体系汇总见附表 1-5。

附表 1-5　国外绿色港口评价指标体系汇总

序号	来源	绿色港口相关评价指标	
		领域	指标
1	亚太绿色港口奖励计划	承诺和意愿	绿色港口发展意识和意愿：绿色战略或发展计划、绿色支持资金、绿色年度报告、其他 绿色港口宣传和推广：绿色培训项目、绿色宣传活动、其他
		行动和实施	清洁能源：使用可再生能源、使用液化天然气（LNG）、使用岸电系统、其他 节能措施：使用节能设备和技术、优化供电系统、其他 环保措施：空气污染防治、噪声控制、垃圾处理（液体和固体）、其他 绿色管理：绿色环保管理体系、绿色绩效评估、其他
		效率和效果	节能表现：能源消耗量减少、可再生能源增量、其他 环保表现：空气质量的改善、噪声控制的结果、液体和固体污染的控制、其他
2	北美绿色航运计划	船东	入侵物种、大气污染物排放（硫氧化物、颗粒物、氮氧化物）、温室气体排放、货物残留物（仅用于评价在大湖区和圣劳伦斯河运营的国际干散货船）、油污水、废物管理、水下噪声、拆船
		港口和航道	入侵物种（仅用于评价港务局）、温室气体和空气污染物、溢油防治、干散货装卸和储存、社区影响、环境领导力、废物管理、水下噪声
		码头和造船厂	温室气体和空气污染物、溢油防治、干散货装卸和储存、社区影响、环境领导力、废物管理
3	欧洲生态港认证体系	环境管理	环境管理体系认证 环境政策 环境政策对 ESPO 指导文件的响应 环境立法清单 重大环境因素清单 环境改善目标和指标 港口雇员环境培训计划 环境监测方案 关键人员环境责任备案 公开的环境报告

续 表

序号	来源	绿色港口相关评价指标	
		领域	指标
3	欧洲生态港认证体系	环境监测	港口垃圾、能源效率、水质、水资源消耗、噪声、沉积物质量、碳足迹、海洋生态系统、土壤质量、陆地生境
		十大环境优先事项	空气质量、气候变化、能源效率、噪声、社区影响、船舶废弃物、水环境质量、港口固体废物、疏浚影响和土地开发等港口发展资源
		绿色船舶（航运）	岸电使用情况 LNG 技术推广使用情况 旨在鼓励船舶使用清洁能源的收费制度

2. 国内绿色港口评价体系

1）我国绿色港口评价工作回顾

我国绿色港口评价相关工作开始于"十二五"时期。2011 年，交通运输部发布《交通运输"十二五"发展规划》，指出"交通运输发展面临的土地、岸线等资源紧缺的刚性约束将进一步强化，环境和生态保护任务更加繁重，推进资源节约和环境保护，促进经济发展模式向高能效、低能耗、低排放模式转型，对交通运输绿色发展提出了更加迫切的要求"。为此，《"十二五"水运节能减排总体推进实施方案》提出建设绿色水运长效机制的要求，借鉴北美开展绿色海运认证、借鉴欧洲开展生态港认证，以及住房和城乡建设部发布的《绿色建筑评价标准》（GB/T 50378—2006）等相关领域的工作经验，启动了我国绿色港口评价体系建设工作，其中包括研究编制《绿色港口等级评价标准》（JTS/T 105-4—2013）。该标准于 2013 年 4 月完成并发布，并于同年 6 月实施。中国港口协会依据交通运输部发布的《绿色港口等级评价标准》，于 2015 年 4 月启动了我国绿色港口等级评价工作。中国港口协会于 2015 年 4 月组建了绿色港口等级评价评审委员会，研究制定了《绿色港口等级评价试点规范性文件汇编》，并在会员单位内发布。2020 年 5 月，交通运输部进一步将标准修订为《绿色港口等级评价指南》（JTS/T 105-4—2020），并于 2020 年 7 月开始实施，同时《绿色港口等级评价标准》（JTS/T 105-4—2013）废止。以《绿色港口等级评价指南》为核心的系列规范性文件搭建形成我国绿色港口评价体系的框架。

我国绿色港口等级评价标准的建立基于我国港口绿色发展的需要，受到了地方政府、行业管理部门和港口企业的高度关注。沿海部分省市基于地方港口发展特点，积极推进地方绿色港口评价指标体系建设。江苏省的港口具有体量大、规模及发展差异较大、专业化程度不高的特点，行业标准无法覆盖大多数港口类型。因此，江苏省于 2020 年建立了区分沿江沿海港口和内河港口的省级绿色港口评价指标体系，为开展绿色港口精准评价作出了表率和示范。

2）我国在用绿色港口评价方法和指标体系

《绿色港口等级评价指南》在《绿色港口等级评价标准》的基础上进行了修订，评价对象在原有的专业化集装箱码头、干散货码头和液体散货码头的基础上新增了邮轮码头，同时修订了评价指标及计分方法，突出了岸电、LNG、船舶污染物接收处置、油气回收等交通行业重点工作。指南共设置了"理念""行动""管理"和"效果"4类评价项目，每类评价项目下设有1~2项评价内容，总计7项评价内容；每项评价内容下设有2~4个评价指标，共计18个评价指标，见附表1-6。

附表1-6 绿色港口等级评价指标体系

项目及其分值占比	内容及其分值	指标及其分值
理念(10%)	战略(55)	战略规划(20)
		专项资金(20)
		工作计划(15)
	文化(45)	企业文化(25)
		教育培训(10)
		宣传活动(10)
行动(40%)	环境保护(50)[60]{70}【70】	污染防治(40)[50]{55}【50】
		资源利用与生态保护(10)[10]{15}【20】
	节能低碳(50)[40]{30}【30】	主要设备(20)[10]{5}【5】
		作业工艺(10)[10]{5}【5】
		能源消费(10)[10]{10}【10】
		辅助设施(10)[10]{10}【10】
管理(15%)	体系(35)	管理机构(10)
		审计认证(25)
	制度(65)	目标考核(15)
		统计监测(45)
		激励约束(5)
效果(35%)	水平(100)	环保生态(60)
		节约低碳(40)

注："()"内数字表示专业化集装箱码头分值；"[]"内数字表示专业化干散货码头分值；"{}"内数字表示专业化液体散货码头分值；"【】"内数字表示邮轮码头分值。

江苏省绿色港口评价指标体系包括6个评价项目和17项评价指标，每个评价指标下设基本项和提升项，其中基本项为必须满足的条件，提升项为评分项，总分为100分，见附表1-7。

附表1-7 江苏省绿色港口评价指标体系

评价项目	评价指标	标准分值 沿江沿海港口	标准分值 内河港口
节能降碳	清洁能源和可再生能源应用	6	6
	岸电设施建设与应用	4	4
	装卸工艺优化	6	4
	节能技术应用	6	4
	能效和CO_2排放水平	4	4
资源集约节约与循环利用	资源集约节约与循环利用	6	6
污染防治	港口粉尘和废气防治措施应用	12	14
	港口水污染和固废防治	12	14
	船舶污染物接收转运及处置	8	10
	港口作业噪声防控（仅设基本项）		
	环境风险应急措施（仅设基本项）		
生态保护	港口生态修复	2	4
	港口景观建设	4	4
高效运输组织	高效集疏运体系建设（仅设提升项）	6	4
	港口生产运营智能化（仅设提升项）	6	6
管理能力	组织保障	8	8
	能力建设	10	8

3）绿色港口评价方法和指标体系研究

我国部分专家学者针对绿色港口评价方法和指标体系开展了大量研究，见附表1-8。从绿色发展要素来看，绿色港口评价指标体系主要包括资源承载力、生态环境、污染物排放、能耗和碳排放、资源节约集约利用等领域；从港口经营管理各环节来看，重点针对港口运营环节，部分指标体系也包括港口规划、建设等环节。此外，部分专家学者将港口利润、腹地社会经济发展、社会满意度等也纳入绿色港口评价范围。

附表1-8 绿色港口评价指标体系研究汇总

序号	来源	类别	指标
1	贝泓涵（2021，层次分析法）	经济增长	人均可支配收入 人均消费支出 人均地区生产总值 港口平均年利润

续表

序号	来源	类别	指标
		资源承载	可再生能源使用率 LNG 使用率 岸电系统使用率 货物吞吐量 港口航线覆盖比率
		生态环境	港区绿化覆盖率 港口单位吞吐量的综合能耗 港口单位吞吐量的碳排放量 港口噪声达标率
		社会包容	低碳意识宣传程度 员工对工作满意度 公众对环境满意度 港绿色战略及社会责任报告
		政策支持	港口绿色技术科研投入 政府专项资金投入 港口低碳化目标考核制度 管理监督和评估有效程度
2	李沁峰（2019，DPSIR 模型）	驱动力	港口货物吞吐量增长率 集装箱吞吐量增长率 港口核心竞争力 港口利润增长率
		压力	港口吞吐量三废排放程度 单位吞吐量岸线长度消耗下降率 单位吞吐量综合能耗下降率
		状态	港区空气质量（AQI）优良率 水功能区水质达标率 港区噪声平均声效等级 港口生物多样性指数
		影响	港口对城市经济贡献 突发环境污染事件影响 公众对港口环境满意度
		响应	港口环境管理制度完善程度 港区三废及声污染治理程度 港口清洁能源利用情况 环境应急响应系统建设
3	刘翠莲（2017，DPSIR 模型）	驱动力	港口年吞吐量 腹地人均 GDP 港口吞吐量增长率
		压力	单位吞吐量 CO_2 排放量 单位吞吐量综合能耗 污水排放达标效率 废气排放达标效率 固体废物回收利用率

续表

序号	来源	类别	指　　标
		状态	港区内绿化覆盖率 港区内噪声平均值 港区内空气质量状况
		影响	清洁能源使用比重 码头 RTG"油改电"能源节约率 港口 EDI 使用情况
		响应	环境监管制度完善程度 绿色港口响应机构设立情况 员工绿色宣传程度
4	徐国庆(2019，全生命周期评价)	港口规划阶段	陆域交通状况 航道通达程度 环境污染影响 港区节能设计 经济腹地发展 能源供应水平 海域风浪状况 远期改扩建条件
		港口建设阶段	施工能源节约 施工材料消耗 施工污染状况 基础设施完善度 港区规划设计 绿色能源占比 科学施工方案 生态景观建设
		港口运营阶段	碳排放控制 噪声污染控制 垃圾处理状况 海水污染控制 绿色能源占比 设备运行效率 节能设备占比 智能化水平 人性化服务 集疏运系统
5	乔红(2012)	港口资源	单位吞吐量能耗 单位吞吐量占用岸线 清洁能源使用率 非常规水源利用率 生产用水重复利用率 工业固体废弃物综合利用率 工业用水重复率 港口围海造地面积占港口路域面积比

续 表

序号	来源	类别	指标
			工业清洁生产实现率
			港口资源开发利用率
			港口陆域面积占耕地面积比重
			港口占用湿地、树林面积
			水环境质量
			环境空气质量
			噪声达标区覆盖率
			主要污染物排放
		环境	港区噪声平均值
			交通干线噪声平均值
			生活污水集中处理率
			生活垃圾无害化处理率
			烟尘控制区覆盖率
			工业废水排放达标率
			港区事故发生率
			港口对就业风险率
			港口基础设施完善程度
			职工生态意识普及率
		社会	公众参与水平
			立法水平
			环境满意度
			港口企业顾客满意度
			单位吞吐量生产总值
		经济	吞吐量增长率
			经济腹地人均 GDP
			港口 GDP 增长率
			港口码头应急能力建设
			环境保护投资指数
			信息平台建设完善程度
			科技进步对港口发展贡献率
			环境管理制度
		政策制度和能力建设	规模化企业通过 ISO14000 认证率
			实施清洁生产企业比例
			绿色节能建筑执行率
			"三同时"制度执行率
			港口竞争力水平
			港口生态发展战略规划情况
		能耗与排放	港口生产单位吞吐量综合能耗下降率
			港口生产单位吞吐量 CO_2 排放下降率
6	徐佑林(2017)		港区废水、废气排放达标率
		污染防治	港口噪声达标率
			港口粉尘综合防治率
			港口固体废弃物回收利用率

续表

序号	来源	类别	指标
		资源利用	港口单位吞吐量岸线长度 港口单位吞吐量耗水量 港区用水重复利用率
		技术应用	节能低碳技术装备应用率 港口泊位配备岸电设施比例 绿色照明灯具比例 能源计量器具配备率
		管理制度	港口信息平台建设完善度 绿色低碳组织与机构建立与运行 节能减排评价考核制度 绿色低碳科技创新机制 绿色低碳宣传培训

3. 对绿色港口空间规划的借鉴意义

根据国内外绿色港口评价方法及指标体系相关研究成果，绿色港口评价的对象多为现状码头，主要侧重于码头建设、运营中的经营理念、企业文化、管理能力等制度建设，以及节能减碳、资源节约、污染防治和生态保护等工作成就的评价，而对于港区功能定位、港口空间布置、码头结构形式等尚未关注。这表明绿色港口评价对港口空间规划尚不具备全面的指导意义，但部分评价方面和指标如资源集约利用、生态保护和修复、高效集疏运体系等在港口空间规划中提前考虑，将有利于绿色发展理念在港口全生命周期的落实。

附录2　典型港口规划大气环境影响调研

对于不同类型港口，以及在港口发展的不同阶段，港口大气污染物排放源和主要污染物存在差异。其中，煤炭、矿石、矿建材料、水泥等干散货主要污染源为粉尘；石油、天然气及制品货类主要污染物为挥发性有机化合物。

1. 港口粉尘大气污染环境影响

煤炭、矿石、矿建材料、水泥等干散货的主要污染源为粉尘。粉尘污染主要来自煤炭等干散货装卸、堆放过程中的扬尘。粉尘污染源按起尘特性主要分为两类：第一类是堆场表面的静态起尘，其发生量与尘源的表面含水率、地面风速有关；第二类是装卸、运送等过程的动态起尘，其发生数量与环境风速、装卸高度有关。粉尘产生的环节如附图2-1所示。

下面根据北部湾港、宁波舟山港、南通港、大连港等港口规划环境影响报告书，结合区域环境空气质量、各港区和作业区规划水平年散货干散货吞吐量、周边敏感保护目标分布情况等，分析了$PM_{2.5}$影响程度和范围，结果见附表2-1。

· 附 录 · 115

附图 2-1 煤炭等干散货粉尘污染产生的主要环节示意图

附表 2-1 港口粉尘的大气环境影响分析详情

港口	空气质量现状达标情况	PM$_{2.5}$现状浓度/(μg·m^{-3})	区域平均风速/(m·s^{-1})	港区/作业区	规划水平年	干散货规划吞吐量/万t	大气环境防护距离/m	PM$_{2.5}$污染物浓度降至10%距离/km	PM$_{2.5}$日均落地浓度 预测值/(μg·m^{-3})	PM$_{2.5}$日均最大落地浓度 占标率/%	PM$_{2.5}$年均最大落地浓度 预测值/(μg·m^{-3})	PM$_{2.5}$年均最大落地浓度 占标率/%	叠加背景值 PM$_{2.5}$达标情况 日均浓度	叠加背景值 年均浓度达标情况
北部湾港	达标	22	4.4	涸溡港区	2025年	9700	0	4.5	30.42	40.56	3.29	9.40	达标	达标
	达标	22	4.4	企沙港区	2025年	5100	0	4.5	13.74	18.31	0.93	2.67	达标	达标
	达标	25	4.2	金谷港区	2025年	6100	0	2.0	17.11	22.81	1.66	4.73	达标	达标
	达标	25	4.2	大榄坪港区	2025年	5100	0	2.0	15.90	21.19	2.74	7.83	达标	达标
	达标	23	2.2	铁山西港区	2025年	5200	0	3.5	18.98	25.31	1.85	5.29	达标	达标
	达标	23	2.2	铁山东港区	2025年	700	0	3.5	5.68	7.57	1.13	3.23	达标	达标
	达标	22	4.4	涸溡港区	2035年	10600	0	6.0	33.92	45.22	3.65	10.44	达标	达标
	达标	22	4.4	企沙港区	2035年	11500	0	6.0	20.62	27.50	1.67	4.77	达标	达标
	达标	22	4.4	企沙南港区	2035年	2200	0	6.0	7.77	10.36	0.23	0.66	达标	达标
	达标	25	4.2	金谷港区	2035年	11050	0	2.7	26.23	34.97	2.56	7.32	达标	达标
	达标	25	4.2	大榄坪港区	2035年	6150	0	2.7	17.57	23.42	3.07	8.77	达标	达标
	达标	25	4.2	三墩港区	2035年	800	0	2.7	9.84	13.12	0.59	1.68	达标	达标
	达标	23	2.2	铁山西港区	2035年	9650	0	4.0	23.17	30.89	2.27	6.48	达标	达标
	达标	23	2.2	铁山东港区	2035年	1700	0	4.0	7.57	10.09	1.58	4.51	达标	达标
宁波舟山港	达标	14	6.4	衢山港区鼠浪湖作业区	2035年	12000	0	3.5	13.93	18.58	3.36	9.59	达标	达标
	达标	14	6.4	嵊泗港区马迹山作业区	2035年	8000	0	1.5	6.88	9.17	2.16	6.18	达标	达标
	达标	39	3.4	梅山港区梅山北作业区	2035年	950	0	1.5	1.21	1.61	0.59	1.68	达标	达标

续表

港口	空气质量现状达标情况	PM$_{2.5}$现状浓度/($\mu g \cdot m^{-3}$)	区域平均风速/($m \cdot s^{-1}$)	港区/作业区	规划水平年	干散货规划吞吐量/万t	大气环境防护距离/m	PM$_{2.5}$污染物浓度降至10%距离/km	PM$_{2.5}$日均最大落地浓度 预测值/($\mu g \cdot m^{-3}$)	PM$_{2.5}$日均最大落地浓度 占标率/%	PM$_{2.5}$年均最大落地浓度 预测值/($\mu g \cdot m^{-3}$)	PM$_{2.5}$年均最大落地浓度 占标率/%	叠加背景值PM$_{2.5}$达标情况 日均浓度	叠加背景值PM$_{2.5}$达标情况 年均浓度
南通港	不达标	37	3.1	如皋港区	2025年	8100		2.0	20.45	27.26	1.13	3.22	达标	达标
	不达标	37	3.1	南通港区	2025年	5000		0.9	5.47	7.29	0.34	0.98	达标	达标
	不达标	37	3.1	通海港区	2025年	4250		1.9	10.33	13.78	0.95	2.71	达标	达标
	不达标	37	3.1	通州湾港区	2025年	6800		2.3	6.18	8.24	0.52	1.49	达标	达标
	不达标	37	3.1	如皋港区	2035年	8000		1.7	11.61	15.48	1.02	2.90	达标	达标
	不达标	37	3.1	南通港区	2035年	4100		0.7	4.05	5.40	0.26	0.73	达标	达标
	不达标	37	3.1	通海港区	2035年	2700		1.3	6.37	8.49	0.59	1.70	达标	达标
	不达标	37	3.1	通州湾港区	2035年	12900		4.6	15.12	20.16	1.29	3.68	达标	达标
大连港	达标	30	3.3	大孤山港区	2025年增量	468			3.75	5.00	0.36	1.03	达标	达标
	达标	30	3.3	长兴岛港区	2035年增量	924			4.93	6.57	0.47	1.34	达标	达标
	达标	30	3.3	大孤山港区	2035年增量	268			2.50	3.33	0.25	0.71	达标	达标
	达标	30	3.3	长兴岛港区	2035年增量	1174			6.00	8.00	0.58	1.66	达标	达标

由表可以看出，港口粉尘的大气环境影响方面，港口规划实施后 $PM_{2.5}$ 的日均浓度影响范围为 $1.21\sim33.92\,\mu g/m^3$，占标率范围为 $1.61\%\sim45.22\%$；年均浓度影响范围为 $0.23\sim3.64\,\mu g/m^3$，占标率范围为 $0.66\%\sim10.44\%$。对于环境空气质量现状达标的区域，叠加背景浓度后，$PM_{2.5}$ 的日均和年均浓度均能达标；而对于环境空气质量现状不达标的区域，规划实施后，通过采取提高防尘率等措施，$PM_{2.5}$ 的日均和年均浓度也能达标，满足《环境空气质量标准》(GB 3095—2012)二级标准的要求。北部湾港、宁波舟山港、南通港 $PM_{2.5}$ 污染物浓度降至 10%距离分别为 $2.0\sim6.0\,km$、$1.5\sim3.5\,km$、$0.7\sim4.6\,km$，均在 $6\,km$ 范围内。

2. 港口油气大气污染环境影响

现代化的石油码头最常见的油气扩散污染主要有两种形式，即正常储运作业状况下的油品蒸气逸出污染和突发性溢油事故中的油品蒸气大面积逸散污染。下面主要分析正常储运作业状况下的油气污染。

正常储运作业中油品蒸气的污染主要由油舱/储油罐装卸作业时货物增减和常规储存中气温变化导致油品气体向外部环境中扩散，其污染形式主要包括油舱/储油罐的大呼吸损耗及码头油品装车、船逸散损耗等。港口正常作业状况下油气扩散形式、类型、影响因素见附表 2-2，排放环节如附图 2-2 所示。

附表 2-2　港口正常作业状况下油气源强扩散及其特点分析

名称	产生部位	源强主要影响因素	源强基本特点
油舱/储油罐大呼吸	呼吸阀、通气孔、罐壁缝隙等	装载速度、油品蒸气压、现场风速、温差等	油气以烟云或烟团形式从通气孔逸出，浓度较高
油舱/储油罐小呼吸	呼吸阀、通气孔、罐壁缝隙等	油罐类型、油品蒸气压、现场风速、温差等	少量油品蒸气从通气孔或罐壁缝隙逸出，浓度较低
浮顶罐抽油损失	罐壁缝隙、罐壁等	油品蒸气压、现场风速、温差等	少量油品蒸气从通气孔或罐壁缝隙逸出，浓度相对较低，缓慢逸出
浮顶罐静止储油损耗	呼吸阀、通气孔、罐壁缝隙等	油品蒸气压、现场风速、温差等	少量油品蒸气从通气孔或罐壁缝隙逸出，浓度相对较低，缓慢逸出
装车、船逸散损耗	呼吸阀、通气孔、管道阀门等	空载、装载速度、油品蒸气压、现场风速、温差等	油气以烟云或烟团形式从通气孔、呼吸阀、管道阀连续逸出，浓度较高

下面根据北部湾港、南通港、大连港等港口规划环境影响报告书，结合区域环境空气质量、各港区和作业区规划水平年油品吞吐量、周边敏感保护目标分布情况等，分析了 TVOC（总挥发性有机物）影响程度和范围，结果见附表 2-3。

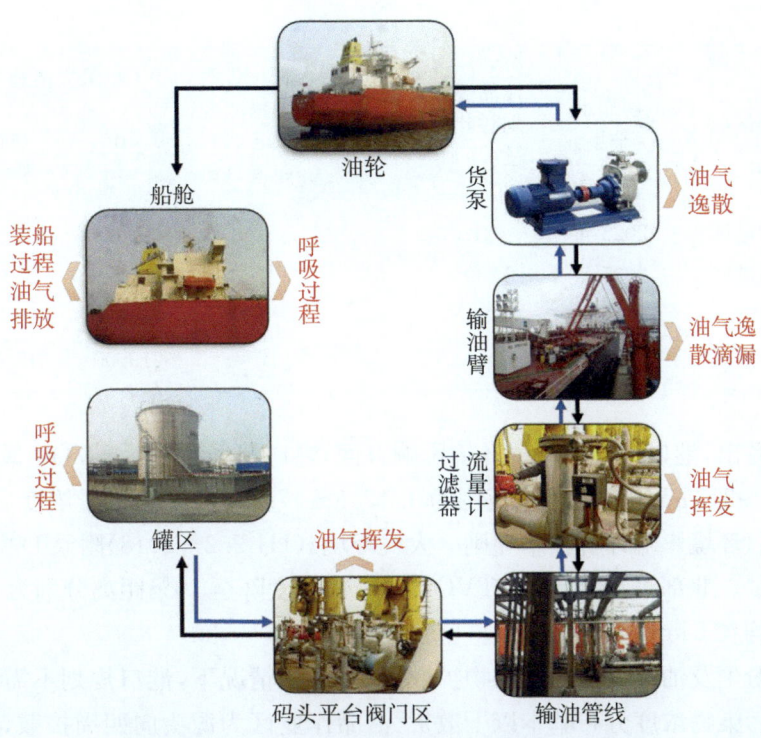

附图 2-2 油气污染产生的主要环节示意图

附表 2-3 港口 TVOC 大气环境影响分析详情

港口	港区	规划水平年	油品规划吞吐量/万 t	大气环境防护距离/m	TVOC 污染物浓度降至 10% 距离/km	TVOC 最大落地浓度 预测值/($\mu g \cdot m^{-3}$)	TVOC 最大落地浓度 占标率/%	叠加背景值 TVOC 达标情况
北部湾港	渔澫港区	2025 年	400	0	1.1	8.43	1.41	达标
	金谷港区	2025 年	900	0	3.4	11.78	1.96	达标
	三墩港区	2025 年	1 200	0	3.4	21.26	3.54	达标
	铁山西港区	2025 年	800	0	1.4	7.60	1.27	达标
	渔澫港区	2035 年	300	0	0.5	6.73	1.12	达标
	金谷港区	2035 年	1 800	0	3.2	23.67	3.94	达标
	三墩港区	2035 年	3 300	0	3.2	59.22	9.87	达标
	铁山西港区	2035 年	4 800	0	2.0	47.91	7.98	达标
南通港	如皋港区	2025 年	1 300		2.7	17.86	2.98	达标
	南通港区	2025 年	1 350		0.7	11.30	1.88	达标
	通州湾港区	2025 年	3 200		3.7	18.08	3.01	达标
	如皋港区	2035 年	1 600		2.7	21.98	3.66	达标
	南通港区	2035 年	1 300		0.2	13.08	2.18	达标
	通州湾港区	2035 年	5 100		4.3	32.55	5.43	达标

续表

港口	港区	规划水平年	油品规划吞吐量/万 t	大气环境防护距离/m	TVOC污染物浓度降至10%距离/km	TVOC最大落地浓度 预测值/($\mu g \cdot m^{-3}$)	占标率/%	叠加背景值TVOC达标情况
大连港	鲇鱼湾港区	2025 年	421			35.00	2.92	达标
	长兴岛港区	2035 年	2 269			95.30	7.94	达标
	鲇鱼湾港区	2035 年	721			50.00	4.17	达标
	长兴岛港区	2035 年	5 069			213.00	17.75	达标

由表可以看出，港口油气的大气环境影响方面，港口规划实施后 TVOC 最大落地浓度影响范围为 6.73～213 $\mu g/m^3$，占标率范围为 1.12%～17.75%；叠加背景浓度后，TVOC 浓度均能达标，满足《环境影响评价技术导则　大气环境》(HJ 2.2—2018)附录 D 中 8 h 平均浓度限值 0.6 mg/m^3。北部湾港、南通港 TVOC 污染物浓度降至 10% 距离分别为 0.5～3.4 km、0.2～4.3 km，均在 5 km 范围内。

根据港口粉尘及油气等大气污染物扩散影响，一般情况下，港口规划不需要设置大气防护距离。大气污染物浓度分布基本以干散货、油品作业区为源头向四周扩散，扩散方向主要为常年主导风向的下风向，大气污染物浓度呈现由作业区向外逐渐降低的规律。从扩散范围来看，典型港口规划大气环境影响研究表明，$PM_{2.5}$ 污染物浓度降至 10% 距离一般在 6 km 范围内，TVOC 污染物浓度降至 10% 距离一般在 5 km 范围内。沿海港口一般风力比较大，大气扩散条件较好，扩散范围对陆域影响不大。

此外，在规划实施中，还应综合采用防风抑尘网、喷淋、苫盖、结壳剂等干散货除尘措施，引桥传动带机和转运站全封闭，在线监测等措施进一步降低干散货等装卸、堆存对大气环境的影响。采用分类储存和管理、建设油气回收设施、增设喷淋降温设施等措施进一步降低油气等装卸、储存对大气环境的影响。

附录3　港口总体规划落实绿色发展理念编写指南(建议稿)

在本书研究的基础上，结合现行《港口总体规划编制内容及文本格式》规定的港口总体规划编制内容要求，总结、提炼、形成了《港口总体规划落实绿色发展理念编写指南(建议稿)》。

该建议稿共分为 8 章。第 1 章为总则；第 2 章为术语；第 3 章为基本通则；第 4～8 章对应现行《港口总体规划编制内容及文本格式》，分别从港口发展基础评估、港口岸线利用规划、港口平面布置规划、集疏运规划、环境保护规划等内容对应提出落实绿色发展理念的一般步骤和方法。

港口总体规划落实绿色发展理念编写指南
（建议稿）

编制说明

近年来，绿色发展理念在港口行业得到日益重视，在港口建设及运营阶段开展了大量的绿色港口创建工作，取得了较好的效果。为落实《交通强国建设纲要》中"将生态环保理念贯穿交通基础设施规划、建设、运营和养护全过程"，以及《国家综合立体交通网规划纲要》中"到2035年，基本实现交通基础设施全过程、全周期绿色化"等要求，引导和促进绿色发展理念在港口总体规划阶段的落实，经深入调查研究、广泛征求意见，并结合我国港口总体规划编制的文本及格式要求，制定了本指南。

1 总则

1.0.1 为指导港口总体规划编制落实绿色发展理念，推动港口绿色发展，制定本指南。

1.0.2 本指南适用于港口总体规划编制、修订及调整。

1.0.3 港口总体规划编制除应参照本指南的规定外，还应严格遵照国家颁布的有关法律、法规及政策要求，符合有关的技术规范和标准。

2 术语

2.0.1 港口岸线能力利用率

港口岸线对应的货物实际吞吐量与合理通过能力比值。

2.0.2 规划能力冗余度

港口总体规划中预估的货物通过能力与规划水平年预测吞吐量比值。

2.0.3 港口生态区

集中布置港口绿化、水系、景观等设施的区域，以打造自然和生态形态为主，宜结合港区周边环境敏感区分布、地形地貌、集疏运通道走向等设置，可用于港口与环境敏感区、不同港口功能区之间的分隔或开展生态修复补偿的区域。

3 基本通则

3.0.1 港口总体规划应贯彻绿色发展理念，遵循生态优先、统筹协调、用足存量、集约节约等原则。

（1）生态优先原则。港口总体规划编制充分体现"生态优先、绿色发展"理念，该理念贯穿于港口总体规划规划原则、岸线利用规划、空间布局规划、平面布置规划、环境保护规划各方面和全过程。

（2）统筹协调原则。统筹规划港口岸线资源，合理确定各港区功能分工，并充分考虑与国土空间规划、环境保护规划等有关规划的衔接协调。

（3）用足存量原则。重视既有设施的整合改造，挖掘能力，在用足存量的基础上，科学规划未来资源。

（4）集约节约原则。引导港口岸线、土地、海域资源有序开发、规范化利用，提高利用效率，坚持深水深用，优先发展公用码头，提升港口服务水平。

3.0.2 港口总体规划应减少生态矛盾冲突，减缓环境影响，努力构建与自然、城市和谐相处的港口空间格局。

3.0.3 港口总体规划编制应强化与港口总体规划环境影响评价工作的互动。收集规划区域环境敏感区情况；识别规划实施主要环境影响；充分听取规划环评对不同方案环境影响比选的建议；积极采纳规划环评对规划方案的优化调整建议。

4 港口发展基础评估

4.1 一般规定

港口发展基础评估除关注港口基础设施现状、生产运营现状等情况外，还应关注港口发展基础中与空间规划相关的环境问题，为后续引导空间合理布局、优化港口平面方案等提供基础。

4.2 与环境敏感区的协调性评估

4.2.1 评估港口现状发展空间与环境敏感区空间位置、管控要求的冲突情况。

4.2.2 根据目前生态环境管理部门对环境敏感区的管控要求，可将环境敏感区分为禁止开发区、限制开发区两类。结合现行法律法规、标准规范等管理规定，并参照生态环境部近年来对港口总体规划环境影响评价报告书的审查要求，禁止开发区包括生态保护红线、永久基本农田、自然保护区、海洋特别保护区、海洋保护区、饮用水源一级保护区与二级保护区等。限制开发区包括水产种质资源保护区、饮用水源准保护区、风景名胜区等。

4.2.3 涉及禁止开发区的港口在本轮规划中应予以优化调整，避让禁止开发区（必须且无法避让、符合县级及以上国土空间规划的航道等线型设施除外）；港口开发应尽可能避让限制开发区，涉及限制开发区但必要的港口开发应提出优化港口功能、限制污染物排放、落实生态修复和补偿措施、设置生态景观及屏障等建议。

4.3 规划环境影响跟踪评价

4.3.1 港口总体规划编制宜同步开展规划环境影响跟踪评价工作，分析上轮港口总体规划实施情况、港口周边生态环境演变趋势、上轮规划实施产生的环境影响等。

4.3.2 本轮港口总体规划编制应充分采纳港口规划环境影响跟踪评价报告对规划优化调整或修订、实施规划方案等建议。

4.4 岸线资源集约节约利用评估

4.4.1 收集港口码头泊位基础设施现状、近三年分货类吞吐量、主要泊位利用率、接靠主力船型等生产统计数据，梳理港口岸线资源利用现状，校核实际参数，依据规范方法核定码头泊位合理通过能力，分析分区域分货类港口岸线能力利用率（实际吞吐量/合理通过能力)及合理标准。

4.4.2 对于码头岸线能力利用率较低的区域,强化港口岸线资源充分利用。

4.5 港城交通状态评估

4.5.1 收集近五年港口分货类分运输方式的集疏运量,分析铁路、水路、管道集疏运量比重及变化趋势。

4.5.2 收集港口陆路集疏运通道车流量现状、城市交通车流量现状、港口陆路集疏运通道与城市道路交通的衔接情况、周边环境质量监测数据达标情况、居民环境投诉情况等,鉴别港口陆路集疏运的影响,如是否造成了较大的大气、噪声等环境污染,是否大量穿越核心城区或占用城市道路资源,造成城市道路拥堵等。

4.5.3 结合分析结果及港口发展实际情况,参照同类型先进港口,在本轮港口总体规划编制中优化港口集疏运方案。

5 港口岸线利用规划

5.1 一般规定

港口岸线利用规划应充分考虑国土空间规划、环境保护规划等相关规划对港口岸线利用规划的要求。在岸线利用规划总量上,将港口规划能力冗余度(即规划预估货物通过能力与规划水平年预测吞吐量比值)控制在合理范围内。同时充分挖潜已利用港口岸线资源,科学规划存量岸线资源,尽可能提高岸线利用效率。

5.2 外部环境分析

5.2.1 从国土空间规划、环境保护规划、水利规划等方面梳理总结对港口岸线利用规划的具体要求。国土空间规划主要考虑"三区三线"、城市定位、产业布局及土地性质等的要求;环境保护规划主要考虑各类环境敏感区的管控要求;水利规划主要考虑岸线保护和开发利用总体规划、水利枢纽工程规划、蓄滞洪区规划等的要求。

5.2.2 对于港口总体规划修订或调整,在必要情况下,可开展上一轮港口总体规划与上述规划的协调性分析,分析存在的矛盾与冲突,在本轮规划中予以优化调整。

5.3 港口岸线利用规划

5.3.1 本轮港口岸线利用规划应避让禁止开发区,尽可能规划在生态敏感性较低的区域。

5.3.2 本轮港口岸线利用规划应充分挖潜已利用港口岸线资源,科学规划存量资源,通过集约发展等方式,尽可能提高岸线利用效率。

5.3.3 必要但位于或邻近环境敏感区域的港口岸线宜通过优化港口功能、限制污染物排放、开展生态修复和补偿等方式降低环境影响。

5.3.4 港口岸线利用规划总量上,宜将规划能力冗余度控制在合理范围内。对于存在不平衡性的重大物资,可考虑适当加大部分岸线规划能力冗余度。

6 港口平面布置规划

6.1 一般规定

基于绿色发展理念的港口平面布置规划应遵循下列原则：

(1) 因地制宜，顺应自然条件，尽可能减少大规模开挖及填筑。

(2) 优化港口平面方案，尽可能控制对周边环境的影响。

(3) 保持水体交换能力，保持甚至提升水体自净水平。

(4) 尽可能提高岸线、土地、海域等资源利用效率。

6.2 新港区平面布置规划

基于绿色发展理念的新港区平面布置研究要点如下：

(1) 港口平面布置方案制定时应关注对周边水流条件、海湾纳潮量以及环境敏感区的影响，加强水体交换能力、设置港口生态区等内容，最大限度地保护所在区域生态环境。

(2) 关注规划方案实施对周边水流条件、海湾纳潮量的影响，宜在潮流泥沙数学、物理模型研究中，同步关注规划实施前后全潮平均流速变化不超过某一数值（如 0.1 m/s）距离或全潮平均流速变化5%、10%距离，规划实施前后海湾纳潮量变化百分比等指标，尽可能控制规划方案实施对水流条件、纳潮量的影响。

(3) 港口平面布置方案应尽可能降低对周边环境敏感区的影响。必要时，宜同步关注环境敏感区不同功能区流速变化、泥沙冲淤变化等。

(4) 水体交换能力宜关注规划实施前后以及不同方案港内水体交换率或水体交换周期变化。设置潮汐通道为改善水体交换能力的一般办法，但也可能会影响港内泊稳、带来泥沙冲淤等问题，具体设置形式宜结合水体交换、港内泊稳条件、通航安全、泥沙冲淤等综合确定。在水体交换相对较差的地方应严格控制港内污染物排放。

(5) 煤炭、矿石以及油气化工码头区布置宜关注与风向、环境敏感区的位置关系。煤炭、矿石码头区宜布置于人口密集区域等敏感区域全年常风向的下风向。油气化工码头区不宜

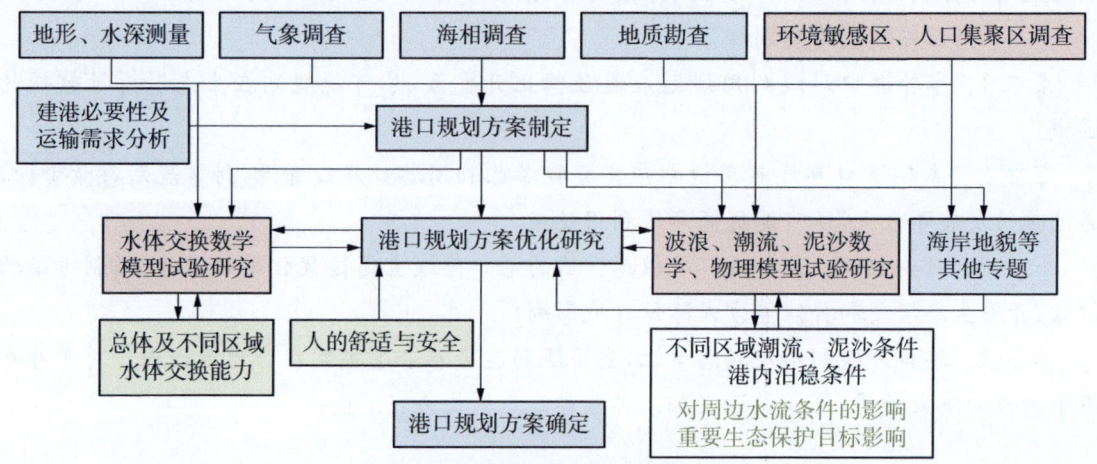

新港区规划绿色港口平面布置流程图

布置在人口密集区域等敏感区域全年常风向的上风侧，与人口密集区的距离应经安全评估确定。

（6）港口平面布置方案宜考虑港口生态区设置。港口生态区以打造自然和生态形态为主，宜结合港区周边环境敏感区分布、地形地貌、集疏运通道走向等设置，具有隔离、缓冲、生态修复补偿等单一或综合功能。

6.3 既有港区修订或调整平面布置规划

对于既有港区规划修订或调整，其中新增规划方案宜参照6.2部分开展绿色港口平面布置研究；对于既有规划方案的优化调整，除考虑港口运输需求、后方产业等变化对规划方案的影响外，宜加大绿色发展理念的考虑，可对应于第4章评估结论对原港区平面布置规划方案予以优化调整，包括但不限于协调环境敏感区冲突、降低环境影响、引导岸线资源充分利用等，同时可考虑港口生态区设置。

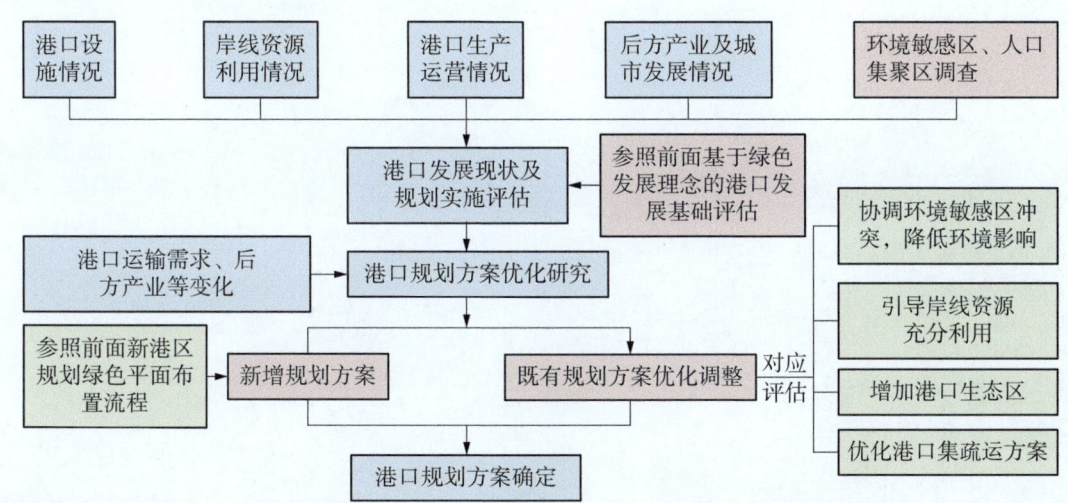

既有港区规划修订、调整绿色港口平面布置流程图

7 集疏运规划

7.0.1 结合第4章评估提出的港口集疏运方案优化调整建议，港口集疏运规划注重运输结构调整，促进公转铁、公转水，协调港口与城市交通组织，推动港城分流、人货分流，减少港口集疏运带来的污染问题和港城交通矛盾问题。

7.0.2 做好与国土空间总体规划、综合交通运输规划等的衔接，保障港口总体功能的实现和在国土空间规划中的具体落实。

8 环境保护规划

8.0.1 对于港口总体规划编制、修订以及调整情形需要编制环境影响报告书的情况，本章主要引用港口总体规划环境影响报告书中关于环境影响分析预测与评价、环境保护措施,以及规划环境可行性等方面的主要结论。

8.0.2　对于港口总体规划调整不需要编制环境影响报告书的情况,需要在本章中对调整后的环境影响进行分析论证,说明需要采取的环境保护措施,分析规划调整后的环境可行性。

8.0.3　在必要情况下,可在本章中对规划实施中资源利用效率、疏浚土综合利用、污染防治、环境风险防范、生态保护修复和补偿等绿色港口发展方面提出具体要求。